Peter Mersch

Familienarbeit in gleichberechtigten Gesellschaften

Die Familienmanagerin: Familie als Beruf

Bibliografische Information der Deutschen Bibliothek:
Die Deutsche Bibliothek verzeichnet diese Publikation in der
Deutschen Nationalbibliographie; detaillierte bibliographische Daten
sind im Internet über http://dnb.ddb.de abrufbar.

© 2014 Peter Mersch

1. Auflage

Herstellung und Verlag: BoD - Books on Demand, Norderstedt

Printed in Germany

ISBN-13: 978-3-7357-9060-6

Inhaltsverzeichnis

1	**Die Gleichberechtigung der Geschlechter**	**1**
1.1	Modellannahmen einer gleichberechtigten Gesellschaft	2
2	**Geburtenrate und Sterblichkeit**	**3**
2.1	Der demografische Wandel	3
2.2	Der Rückgang der Sterblichkeit	4
3	**Familienmodelle**	**7**
3.1	Kernfamilie	7
3.2	Ernährermodell	7
3.3	Familienmodell bei weiblicher Emanzipation	8
3.4	Das Dilemma des Vereinbarkeitsmodells	11
4	**Biologie**	**13**
4.1	Warum gibt es Männer?	13
4.2	Weitergabe von genetischen Erfolgsmerkmalen	15
4.3	Die ökonomische Theorie der Fertilität	21
5	**Ökonomie**	**29**
6	**Individualisierung**	**33**
7	**Was tun?**	**37**
7.1	Vereinbarkeit von Familie und Beruf	38
7.2	Steuererleichterungen für Familien	39
7.3	Bedingungsloser Lastenausgleich für Familien	39
7.4	Elterngeld	40
7.5	Familie als Beruf	40
8	**Literatur**	**45**

Zusammenfassung

Der Text analysiert den demografischen Wandel aus soziologischer, biologischer und ökonomischer Sicht. Ein Ergebnis ist, dass die Wirtschaftsfunktion der Familie nicht zur Gleichberechtigung der Geschlechter passt. Ferner wird gezeigt, dass sich männliche und weibliche Fortpflanzungsinteressen schon aus biologischen Gründen erheblich voneinander unterscheiden, und dass eine Nichtberücksichtigung der spezifischen männlichen Interessen erhebliche gesellschaftliche Folgewirkungen nach sich ziehen könnte. Es wird ein ergänzendes Familienmodell vorgeschlagen, welches die aufgeworfenen Probleme lösen könnte.

1 Die Gleichberechtigung der Geschlechter

In modernen, der Gleichberechtigung der Geschlechter unterliegenden Gesellschaften (im Folgenden einfachheitshalber *gleichberechtigte Gesellschaften* genannt) gilt allgemein die Vorstellung, sowohl Männer als auch Frauen sollten im Regelfall einer Erwerbsarbeit nachgehen und sich eventuelle Familienarbeiten paritätisch teilen. Staat und auch Unternehmen sollten gleichzeitig für eine möglichst optimale Vereinbarkeit von Familie und Beruf und einen angemessenen Familienlastenausgleich sorgen.

Die zentralen Fragen der vorliegenden Arbeit sind:

- Können sich gleichberechtigte Gesellschaften, *in denen beide Geschlechter praktisch die gleichen Lebensentwürfe besitzen*, bestandserhaltend reproduzieren?

- Können sich gleichberechtigte Gesellschaften *unter dem aktuell gültigen* Familienmodell bestandserhaltend reproduzieren?

Dabei wird der Begriff *bestandserhaltend* wie folgt verwendet: Eine Gesellschaft reproduziert sich *quantitativ bestandserhaltend*, wenn die nachfolgende Generation die Elterngeneration zahlenmäßig ersetzen kann, *Kompetenz erhaltend (qualitativ bestandserhaltend)*, wenn die nachfolgende Generation im Durchschnitt über gleiche oder höhere gesellschaftlich nutzbare Kompetenzen (zum Beispiel Bildung) wie die Elterngeneration verfügt und *bestandserhaltend*, wenn sie sich sowohl quantitativ bestandserhaltend als auch Kompetenz erhaltend reproduziert.

Ferner wird angenommen, dass sich gemäß dem *aktuell gültigen Familienmodell* Familien vom Grundsatz her selbst zu ernähren haben (*Wirtschaftsfunktion der Familie*).

Die Hauptthese der Arbeit ist: Die beiden obigen Fragen sind unter den genannten Voraussetzungen zu verneinen.

1.1 Modellannahmen einer gleichberechtigten Gesellschaft

Um die These zu belegen, sollen zunächst einige einschränkende "Idealisierungen" angenommen werden:

- Die untersuchte gleichberechtigte Gesellschaft ist in sich abgeschlossen. Mit anderen Worten: Es findet weder eine Zu/Abwanderung noch ein Außenhandel mit anderen Gesellschaften statt.

- Die gleichberechtigte Gesellschaft verfügt über ähnliche sozialstaatliche Einrichtungen wie zurzeit die Bundesrepublik Deutschland.

Wir stellen uns also vereinfacht vor, es gäbe nur Deutschland und das wäre die Welt. Eine solche Idealisierung ist im Rahmen der genannten Fragestellungen sinnvoll, denn ein gesellschaftliches Problem lässt sich nicht bereits dadurch lösen, indem man es in Gesellschaften mit abweichenden Organisationsformen, die man aber selbst nicht mehr für zeitgemäß hält, verschiebt[1].

---

[1]   Etwa in der folgenden Form: "Es gibt weltweit noch genügend patriarchalische Gesellschaften, in denen Frauen nicht gleichberechtigt sind und somit deutlich zu viele Kinder geboren werden. Einige dieser Kinder könnten wir – in Ergänzung zu unseren eigenen, niedrigen Geburtenraten – im Erwachsenenalter in unser Land holen."

2 Geburtenrate und Sterblichkeit

2.1 Der demografische Wandel

Die fortgeschrittenen Industrienationen befinden sich mehrheitlich im demografischen Wandel, der sich allgemein in drei unabhängigen Teilaspekten ausdrückt:

- *Es werden zu wenige Kinder geboren*, oder etwas präziser ausgedrückt: Die gesellschaftliche Reproduktion ist insgesamt *mengenmäßig nicht bestandserhaltend* (Fertilitätsrate < 2,1).

  Analysen zeigen: Der Geburtenrückgang in Deutschland ist wie auch in den übrigen europäischen Ländern einschließlich der Länder Nordeuropas in erster Line das Ergebnis des zunehmenden Verschwindens der Mehrkindfamilie mit drei oder mehr Kindern[2] und weniger das Resultat einer zunehmenden Kinderlosigkeit.

- In sozial schwachen beziehungsweise bildungsfernen Schichten werden mehr Kinder geboren als in Schichten mit hohem sozioökonomischem Status beziehungsweise Bildungsniveau. Anders gesagt: Es besteht ein negativer Zusammenhang zwischen Kinderzahl und sozialer Position beziehungsweise Bildungsniveau[3]. Dieser Zusammenhang besteht in analoger Weise auch länderübergreifend: In den entwickelten Industrienationen werden pro Frau meist viel weniger Kinder geboren als in den Entwicklungsländern. Man nennt dieses Phänomen das demografisch-ökonomische Paradoxon[4].

  Auch diese Erscheinung könnte als fehlende Bestandserhaltung bezeichnet werden, diesmal aber nicht bezüglich der Zahl an Menschen, sondern den Kompetenzen und Qualifikationen. Im Laufe der Arbeit wird dies noch näher begründet.

- *Die allgemeine Lebenserwartung steigt.* Dieser Aspekt wird im Rahmen der vorliegenden Arbeit als gegeben angenommen und nicht weiter thematisiert.

Einige Länder, wie etwa die USA, sind nur vom zweiten und dritten Teilaspekt des demografischen Wandels betroffen, die meisten entwickelten Länder allerdings von allen dreien.

2.2 Der Rückgang der Sterblichkeit

Während der gesamten Geschichte der Menschheit mussten Frauen eher durchschnittlich fünf bis acht Kinder in die Welt setzen, damit sich eine Population mengenmäßig erhalten konnte[5]. Der Grund: Die Säuglings-, Kinder- und Müttersterblichkeit waren hoch, und auch noch im Erwachsenenalter konnten Krankheiten, Seuchen, Hunger, Kriege, Unfälle oder Verbrechen zu einem frühen Tod bei nur sehr wenigen Nachkommen führen.

Dies änderte sich in Europa schlagartig zu Beginn des 19. Jahrhunderts aufgrund einiger Errungenschaften der Medizin – insbesondere der Hygiene –, einer besseren Nahrungsversorgung der Bevölkerung und weiterer Modernisierungsprozesse. In der Folge ging die Sterblichkeit zurück und es entstand ein dramatischer Bevölkerungszuwachs, der den demografischen Übergang einläutete.

Als *demografischer Übergang* wird in der Demografie allgemein der Transformationsprozess von hohen zu niedrigen Geburten- und Sterberaten verstanden. In Deutschland ist damit meist der Zeitraum von etwa 1880 – 1930 gemeint.

Im Jahr 1816 lebten auf dem Gebiet des späteren Deutschen Reichs 25 Millionen Menschen, am Vorabend des Ersten Weltkriegs dagegen bereits 68 Millionen[6]. Weitere fünf Millionen waren – vor allem nach Übersee – ausgewandert[7]. Zwischen 1900 und 1910 erreichte die jährliche deutsche Bevölkerungszuwachsrate mit rund 1,5 Prozent ihren Höhepunkt. Die Bevölkerung nahm in dieser Periode schneller zu als jemals zuvor und jemals danach in der deutschen Geschichte[8]. Der Zuwachs war auch stärker als in den meisten anderen europäischen Ländern. Einige Wissenschaftler führen die beiden dann folgenden Weltkriege auf diese Entwicklung zurück[9] [10].

Ab etwa 1970 traten sehr viele moderne Gesellschaften in den *demografischen Wandel*. Als vermutliche Hauptgründe können angeführt werden: zuverlässige Kontrazeptiva (die Pille), weibliche Emanzipation, gesicherte Altersversorgung (Rentenversicherung etc.).

Heute reichen durchschnittlich ca. 2,1 Kinder pro Frau aus, damit sich eine Bevölkerung mengenmäßig erhalten kann. Im 18. Jahrhundert lag diese Zahl noch deutlich über vier. Man kann deshalb durchaus behaupten: Der Rückgang der Sterblichkeit war die Voraussetzung für die Emanzipation der Frauen. So würde eine in sich abgeschlossene Gesellschaft (es existieren weder Zu- noch Abwanderungen) mit 80 Millionen Einwohnern, einer Fertilitätsrate von 1,4, einer Generationendauer von 30 Jahren und einer Bestandserhaltungsrate von 2,1 (niedrige Sterblichkeit) binnen 120 Jahren auf ca. 25 Millionen Einwohner schrumpfen, bei einer Bestandserhaltungsrate von 4,2 (hohe Sterblichkeit) dagegen auf ca. 4 Millionen. Unter solchen Verhältnissen würde sich eine Gesellschaft bereits innerhalb der Lebenszeit von Menschen erkennbar zu Tode schrumpfen, was gesellschaftlich wohl kaum hingenommen würde.

---

[2] Bertram, Hans/Rösler, Wiebke/Ehlert, Nancy (2005): Nachhaltige Familienpolitik. Zukunftssicherung durch einen Dreiklang von Zeitpolitik, finanzieller Transferpolitik und Infrastrukturpolitik. Berlin: Bundesministerium für Familie, Senioren, Frauen und Jugend, S. 10

[3] Kopp, Johannes (2002): Geburtenentwicklung und Fertilitätsverhalten. Theoretische Modellierungen und empirische Erklärungsansätze. Konstanz: UVK, S. 89

[4] Birg, Herwig (2003): Strategische Optionen der Familien- und Migrationspolitik in Deutschland und Europa, in: Leipert, Christian (Hrsg.): Demographie und Wohlstand. Neuer Stellenwert für Familie in Wirtschaft und Gesellschaft. Opladen: Leske + Budrich, S. 30

[5] Joas, Hans (Hrsg.) (2001): Lehrbuch der Soziologie. Frankfurt: Campus, S. 483

[6] Ehmer, Josef (2004): Bevölkerungsgeschichte und historische Demographie 1800-2000. München: Oldenbourg, S. 6f.

[7] Ehmer, Josef (2004): Bevölkerungsgeschichte und historische Demographie 1800-2000. München: Oldenbourg, S. 9

[8] Ehmer, Josef (2004): Bevölkerungsgeschichte und historische Demographie 1800-2000. München: Oldenbourg, S. 7

[9] Neirynck, Jacques (2006): Der göttliche Ingenieur. Die Evolution der Technik. Renningen: expert verlag, S. 242ff.

[10] Heinsohn, Gunnar (2006): Söhne und Weltmacht. Terror im Aufstieg und Fall der Nationen. Zürich: Orell Füssli

3 Familienmodelle

3.1 Kernfamilie

Im westlichen Kulturkreis wird heute unter Familie in der Regel die sogenannte *Kernfamilie* aus Vater, Mutter und deren Kindern verstanden. Sie ist in modernen Gesellschaften die weiterhin häufigste Familienform. Alternative Modelle wie Alleinerziehung, Wohngemeinschaften, das Zusammenleben zweier Elternteile mit nichtgemeinsamen oder gar jeweils eigenen Kindern nehmen zwar anteilsmäßig zu, bleiben aber vorläufig noch in der Minderheit.

3.2 Ernährermodell

Die Industriegesellschaft mit ihrem hohen Kapitaleinsatz und ihrer starken Verlagerung der Produktion aus dem häuslichen Bereich machte es erforderlich, dass ein Elternteil – üblicherweise der Mann – das Haus (das "ganze Haus") verließ, um einer Erwerbsarbeit nachzugehen. Diese wurde mit Geld und/oder Waren vergütet, womit der Familienvater dann Frau und Kinder ernährte.

Als Familienform setzte sich das *patriarchalische Ernährermodell* durch, bei dem der Vater als Ernährer der Familie fungierte (*Wirtschaftsfunktion der Familie*), während sich die Mutter als *Hausfrau* um Haus und Kinder kümmerte.

Beim Ernährermodell besteht eine Hierarchie an sozialen Funktionen. Es kann wie folgt beschrieben werden.

- Der Mann geht arbeiten und verdient dafür Geld, die Frau zieht die Kinder auf und verdient dafür kein Geld.

Abbildung 1: Das patriarchalische Ernährermodell

Das patriarchalische Ernährermodell erwies sich in der Praxis als äußerst erfolgreich, zumal es ein ausgewogenes Gleichgewicht zwischen *Produktion* und *Reproduktion* etablierte, was es dem Staat erlaubte, sich weitestgehend aus der gesellschaftlichen Reproduktion herauszuhalten und diese als ausschließliche Angelegenheit seiner Bürger zu definieren. Allerdings hatte es einen entscheidenden Nachteil: Die Frauen wurden auf eine Rolle festgelegt und verblieben dabei in ökonomischer Abhängigkeit von ihren Männern, was aber mit modernen Gleichheitsgrundsätzen nicht mehr zu vereinbaren war.

3.3 Familienmodell bei weiblicher Emanzipation

Die Frauenbewegung hat das patriarchalische Ernährermodell erfolgreich bekämpft und ein anderes Familienmodell (*Vereinbarkeitsmodell*) dagegen gestellt[11], welches in unserer Gesellschaft mittlerweile auf breiteste Akzeptanz stößt. Es basiert auf der Annahme einer grundsätzlichen *Vereinbarkeit von Familie und Beruf.*

- Mann und Frau gehen beide arbeiten und verdienen dafür Geld. Außerdem teilen sie sich die Familienarbeit und verdienen dafür beide kein Geld.

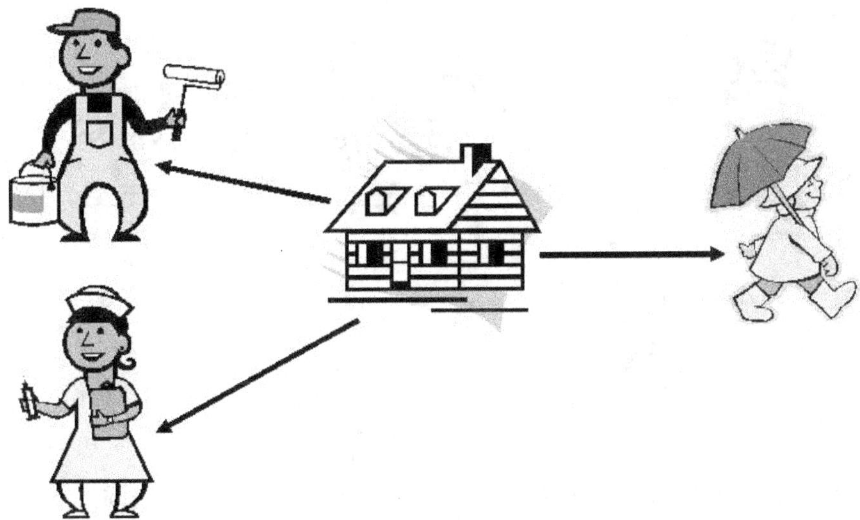

Abbildung 2: Das Vereinbarkeitsmodell

Vielen Familien erscheint die prinzipielle Vereinbarkeit dieser völlig unterschiedlichen und zeitaufwendigen Aufgaben jedoch als Mythos; sie erleben beides als Addition[12]. Auch scheint die Reduzierung der Arbeitszeiten bei beiden Ehepartnern zwecks einer gerechteren Aufteilung der Familienarbeit aus ökonomischer Sicht für die betroffenen Familien häufig die schlechteste Lösung zu sein, da dann beide Ehepartner auf eine Karrieremöglichkeit und somit zusätzliche Verdienstmöglichkeiten verzichten müssen. Ferner schließen zahlreiche Berufe Vereinbarkeitsszenarien von vornherein weitestgehend aus (Pilot, Flugbegleiter, Matrose, Bergmann, Lokführer, Schaffner, Fernfahrer, Manager, Vertreter, Dachdecker, Monteur etc.).

Abbildung 3: Mythos Vereinbarkeit

Bei einer größeren Familie mit drei oder mehr Kindern nimmt die Familienarbeit meist eine solche Größenordnung an, dass ein Elternteil (in der Regel die Mutter) über einen Zeitraum von zehn oder mehr Jahren keiner oder nur einer geringfügigen gleichzeitigen Erwerbsarbeit nachgehen kann. Damit verfügt die Familie fast ausschließlich über das Einkommen des Familienvaters und damit über deutlich geringere Einkünfte bei gleichzeitig wesentlich höheren Kosten gegenüber berufstätigen Kleinfamilien beziehungsweise Kinderlosen (siehe die Ausführungen im folgenden Abschnitt). Solche Familien sind dann gezwungen, für einen längeren Zeitraum zu einer modernen Abwandlung des patriarchalischen Ernährermodells – dem sogenannten *Phasenmodell* – zurückzukehren, was aber eigentlich nicht mehr dem Zeitgeist entspricht:

- Mann und Frau gehen beide arbeiten und verdienen dafür Geld. Die Frau unterbricht ihre berufliche Tätigkeit für eine längere Familienphase und verdient in dieser Zeit kein/kaum Geld.

Konkret heißt das: Während der *Familienphase* kommt das *patriarchalische Ernährermodell* zur Anwendung. Die Frau verzichtet dann auf nennenswerte Rentenansprüche, vor allem aber auf Kernerrungenschaften der weiblichen Emanzipation, nämlich Berufstätigkeit und ökonomische Selbstständigkeit. Die Alternativen lauten jetzt: ökonomische Abhängigkeit vom Ehemann oder von der Sozialhilfe. Daneben besitzt das Modell weitere Nachteile. Speziell für gut ausgebildete Frauen dürfte es wenig attraktiv sein.

Das klassische *Ernährermodell* inklusive seiner modernen Variante *Phasenmodell* hat in diesem Sinne also auch für größere Familien längst ausgedient. An die Stelle des Ehemanns als Ernährer der Familie tritt mehr und mehr der Staat[13].

3.4 Das Dilemma des Vereinbarkeitsmodells

Familien sind in unserer Gesellschaft ökonomisch autarke Einheiten, die sich vom Grundsatz her selbst zu ernähren haben. Anders gesagt: Familien besitzen eine Wirtschaftsfunktion. Eine solche gesellschaftliche Vorgabe ist aber alles andere als selbstverständlich, denn viele Naturvölker kennen etwas Vergleichbares nicht.

Im Patriarchat galt unter dem Paradigma der familialen Wirtschaftsfunktion noch die einfache Regel: Familien, die mehr Ressourcen (Geld) erlangten, konnten sich mehr Kinder "leisten", sofern sie nur wollten.

Im Rahmen der Gleichberechtigung der Geschlechter wurde die Wirtschaftsfunktion der Familie unbesehen beibehalten. Nun beschaffen also im Rahmen des gesellschaftlich präferierten Vereinbarkeitsmodells beide Elternteile gleichermaßen die erforderlichen Ressourcen, während sie sich gleichzeitig die Familienarbeit paritätisch teilen.

Leider ist dies prinzipiell nicht möglich. Denn spätestens ab dem dritten oder vierten Kind nimmt die Familienarbeit ein solches Ausmaß an, dass entweder ein Elternteil oder gar beide ihre Arbeitszeiten signifikant reduzieren müssen, und zwar selbst dann, wenn sie auf eine optimale Vereinbarkeitsinfrastruktur zurückgreifen können. Mit jedem weiteren Kind dürfte sich die Situation weiter verschärfen. Dies führt dann zu dem folgenden bemerkenswerten – und im Patriarchat nicht bekannten – Dilemma:

- Mit zunehmender Kinderzahl steigen die Ausgaben für die Familie, während gleichzeitig ihre Einkünfte sinken.

Ich möchte das an einem – allerdings stark vereinfachenden – Beispiel verdeutlichen:

Ehepaar Müller ist beruflich qualifiziert und erfolgreich. Die beiden Ehepartner verdienen monatlich jeweils 3.000 Euro nach Steuern. Mit jedem Kind würden ihnen 500 Euro an zusätzlichen Kosten entstehen, bei vier Kindern also 2.000 Euro. Gleichzeitig hätten sie dann soviel

Familienarbeit, dass sie beide nur noch halbtags arbeiten gehen könnten. In der Folge reduzierten sich ihre Einkünfte auf jeweils 1.500 Euro pro Monat, das heißt, auf insgesamt 3.000 Euro. Verdienten sie also vorher zusammen 6.000 Euro im Monat, die ihnen allein zur Verfügung standen, hätten sie mit ihren vier Kindern noch 3.000 Euro, während ihre Kosten gleichzeitig um 2.000 Euro angestiegen wären. Im Endeffekt würden sich ihre persönlichen Einkünfte durch die Familiengründung von 6.000 Euro auf 1.000 Euro pro Monat reduzieren.

Ich werde im Rahmen der Arbeit zeigen, dass das gerade geschilderte Dilemma mit den bislang öffentlich diskutierten familienpolitischen Maßnahmen nicht einmal ansatzweise behebbar ist. Aufgrund dessen verschwinden die größeren Familien, oder sie werden systematisch in die Sozialhilfe abgedrängt, wo die Wirtschaftsfunktion der Familie nicht mehr greift, denn dort versorgt ja der Staat.

Dies wäre alles noch hinnehmbar, wenn die gesellschaftliche Reproduktion auch ohne größere Familien funktionieren könnte. Diverse Analysen konnten jedoch zeigen: Dies ist nicht möglich. Tatsächlich ist der Geburtenrückgang in Deutschland, aber auch in vielen anderen entwickelten Ländern, in erster Linie auf das Verschwinden der Mehrkindfamilie zurückzuführen[14], denn unter der Rahmenbedingung der Gleichberechtigung der Geschlechter gibt es für solche Familien zurzeit kein passendes Familienmodell.

---

[11]   Träger, Jutta (2007): Neue Wege familialer Arbeitsteilung. Neuorientierung in der Familienpolitik? in: Auth, Diana/Holland-Cunz, Barbara (Hrsg.): Grenzen der Bevölkerungspolitik. Strategien und Diskurse demographischer Steuerung. Opladen: Verlag Barbara Budrich

[12]   Radisch, Iris (2007): Die Schule der Frauen. Wie wir die Familie neu erfinden. München: DVA, S. 139ff.

[13]   Bolz, Norbert (2006): Die Helden der Familie. München: Fink, S. 35f.

[14]   Bertram, Hans/Rösler, Wiebke/Ehlert, Nancy (2005): Nachhaltige Familienpolitik. Zukunftssicherung durch einen Dreiklang von Zeitpolitik, finanzieller Transferpolitik und Infrastrukturpolitik. Berlin: Bundesministerium für Familie, Senioren, Frauen und Jugend, S. 10

4 Biologie

Biologische Argumente werden in den Sozialwissenschaften manchmal als Biologismus diskreditiert. Solche Einwände sind aber nur dann stichhaltig, wenn eine Argumentation alles auf die Biologie zurückführt ("es ist alles in den Genen"). In einer umfassenden interdisziplinären Analyse dürfen biologische Gesichtspunkte keineswegs außer Acht gelassen werden. Im Folgenden soll deshalb der Frage nachgegangen werden, ob den beiden Geschlechtern bereits aus biologischen Gründen bestimmte Rollen zukommen. Dies lässt sich tatsächlich zeigen. Geschlecht ist folglich nicht nur ein kulturelles Konstrukt (Gender), sondern besitzt ein bedeutendes biologisches Fundament.

4.1 Warum gibt es Männer?

In *"Das andere Geschlecht"* schrieb Simone de Beauvoir noch[15],

> dass der eigentliche Sinn der Unterteilung der Arten in zwei Geschlechter nicht klar ist.

Und weiter[16]:

> Vielleicht wird die Mitwirkung des Mannes in der Fortpflanzung eines Tages überflüssig: das ist anscheinend der Wunsch zahlreicher Frauen. (...) Die Phänomene der ungeschlechtlichen Vermehrung und der Parthenogenese sind ebenso ursprünglich wie die geschlechtliche Fortpflanzung. Diese ist, wie gesagt, nicht a priori bevorzugt, doch weist keine Tatsache darauf hin, dass sie auf einen elementareren Mechanismus zurückzuführen ist.

Alice Schwarzer ergänzt[17],

> dass der Mensch ursprünglich eine 'polymorphe Sexualität' (Sigmund Freud) hat, die nicht festgelegt ist, und dass die vorherrschende Heterosexualität ein Resultat der kulturellen Priorität ist.

Entsprechend fordert sie einen "neuen Menschen"[18]:

> Ja, es stimmt, die schlimmsten Albträume der Fundamentalisten und Biologisten müssten wahr werden: Das werden nicht mehr die gewohnten "Frauen und Männer" sein (...), sondern herauskommen wird ein

"neuer Mensch". Ein Mensch, bei dem die individuellen Unterschiede größer sein werden als der Geschlechtsunterschied.

Judith Butler geht noch einen Schritt weiter, indem sie behauptet, Geschlecht stelle ausschließlich eine soziale Kategorie dar, wobei sie gleichzeitig die biologische, binäre Konstruktion der Zweigeschlechtlichkeit radikal infrage stellt[19].

Ich werde die Auffassungen De Beauvoirs, Schwarzers und Butlers auf den nächsten Seiten falsifizieren und insbesondere den "elementareren Mechanismus" der geschlechtlichen Fortpflanzung beschreiben, den Simone De Beauvoir noch vermisste[20].

Biologen weisen meist darauf hin, dass der wesentliche Vorteil der Sexualität in der genetischen Rekombination liege, die eine ungeheure genetische Vielfalt erzeuge[21]. Umgekehrt sei die genetische Rekombination die Voraussetzung für das Entstehen komplexer Lebensformen auf der Erde gewesen[22].

Allerdings erklärt dies noch nicht, warum es bei höheren Tierarten keine Hermaphroditenpopulationen gibt. Es wäre für die Evolution viel einfacher gewesen, pro Art nur ein gemeinsames Geschlecht (mit beiden Fortpflanzungsfunktionen) zu konstruieren, sodass sich jedes Individuum mit jedem anderen paaren und jedes dann auch Nachkommen hinterlassen kann. Hermaphroditenpopulationen sind bezüglich der Zahl ihrer potenziellen Nachkommen (*quantitativ*) viel leistungsfähiger als getrenntgeschlechtliche (Männchen/Weibchen) Populationen, trotzdem haben sie sich bei höheren Tierarten nicht durchsetzen können.

Den eigentlichen Grund für die Geschlechterdifferenzierung haben die Soziobiologen längst sicher ermitteln können, nämlich die grundsätzlich unterschiedliche Fruchtbarkeit von männlich versus weiblich[23].

Diese simple Tatsache steht am Anfang jeder geschlechtlichen Differenzierung und sie führt zu einer folgenreichen und soziokulturell höchst dynamischen Angebots-Nachfrage-Asymmetrie auf dem Markt sexueller Transaktionen: Die Pro-Kopf-Investition in Fortpflanzung ist zwischen den Geschlechtern grundverschieden.

Anders gesagt: Männer könnten potenziell 100x so viele Nachkommen wie Frauen haben, allerdings auch nur dann, wenn die von ihnen erbrachten Elterninvestments pro Kind deutlich geringer sind als bei den Frauen.

Während der gesamten Geschichte der Menschheit hatten reiche oder mit Macht ausgestattete Männer eine größere Zahl an Sexualpartnerinnen und setzten auch mehr Kinder in die Welt als Männer mit einem niedrigeren Sozialstatus[24]. Diese Aussage konnte in zahlreichen Untersuchungen mit unterschiedlichen Gesellschaftsformen (vormoderne Bauerngesellschaften, Wildbeuter etc.) bestätigt werden[25] [26]. Beispielsweise konnte bei den matriarchalisch organisierten südamerikanischen Yanomami beobachtet werden, dass Häuptlinge im Durchschnitt mit mehr Frauen verheiratet sind als Nichthäuptlinge, und dass die Häuptlingsfrauen im Mittel besonders fruchtbar sind[27]. Würden die Yanomami dagegen erwarten, dass sich Frauen und Männer die Familienarbeit pro Kind paritätisch teilen, dann hätten Häuptlinge besonders viel Familienarbeit zu leisten, und zwar sogar deutlich mehr als ihre Frauen, denn sie haben die meisten Kinder.

Auch in modernen menschlichen Gesellschaften lässt sich nachweisen: Nichts steigert die Attraktivität eines Mannes gegenüber dem anderen Geschlecht so sehr wie der soziale Status beziehungsweise der berufliche Erfolg[28]. Diese Präferenzen sind weltweit in allen Kulturen so einheitlich anzutreffen, dass einige Autoren dafür biologische Ursachen vermuten[29].

Die viel höhere potenzielle Fruchtbarkeit des männlichen Geschlechts in Kombination mit dem weiblichen Partnerwahlverhalten (im Tierreich meist anhand sogenannter Fitnessindikatoren) führt nun aber zu einer deutlich beschleunigten Verbreitung von (insbesondere sozial nutzbaren) Erfolgs- merkmalen innerhalb einer Population. Viele Männer werden dann keine oder nur sehr wenige Nachkommen haben, andere dafür vergleichsweise viele. Getrenntgeschlechtliche Populationen sind also Hermaphroditen in der Reproduktion zwar *quantitativ unterlegen*, doch *qualitativ überlegen*: Dies ist letztlich ihr entscheidender Vorteil, wie im folgenden Abschnitt noch einmal anhand eines Beispiels verdeutlicht werden soll. Aus diesem Grund haben sie sich bei höheren Tierarten vollständig durchgesetzt.

4.2 Weitergabe von genetischen Erfolgsmerkmalen

In diesem Zusammenhang fällt zunächst auf, dass Männer häufiger von genetischen Mutationen betroffen sind als Frauen, was möglicherweise auf die männliche XY-Chromosomen-Asymmetrie zurückzuführen ist[30]. Beispielsweise sind sechs von sieben Inselbegabten (Savants) Männer. Der Savant Kim Peek, der das Vorbild für die Figur des autistischen Raymond Babbitt im 1988 erschienenen Film Rain Man war, verfügte zwar über außergewöhnliche geistige Fähigkeiten, die sich auf ein gegenüber Vergleichspersonen völlig anders strukturiertes Gehirn zurückführen lassen, gleichzeitig war er aber auch geistig behindert. Die meisten Mutationen dieser Art wirken sich nämlich in der Summe eher ungünstig aus. Dennoch kann der Natur dabei gelegentlich ein "Volltreffer" gelingen. So behauptet der Hirnforscher Michael Fitzgerald etwa, selbst bei Genies wie Einstein, Newton, Beethoven oder Mozart habe eine mehr oder weniger starke Ausprägung von Autismus vorgelegen.

Stellen wir uns nun in einem Gedankenexperiment vor, ein Mensch habe durch eine genetische Mutation die Gabe erhalten, durch zehnminütiges, äußerst konzentriertes Handauflegen Krebs zu heilen. Die Mutation wäre erblich, sodass im Mittel 50 Prozent seiner Nachkommen über die gleichen Fähigkeiten verfügten. Zu beachten ist: Es handelt sich hierbei um ein Merkmal, welches ausschließlich *sozial nutzbar* ist, in der freien Natur (im Rahmen der *natürlichen Selektion*) aber keine unmittelbaren Vorteile bietet.

Wir können drei Fälle unterscheiden:

- Die Person ist eine Frau.

  Vermutlich würde die Frau ihre Bestimmung darin sehen, möglichst viele Krebskranke zu heilen. Sie würde zwar viel Geld verdienen, aber kaum Zeit für eigene Kinder haben. Gegebenenfalls würde sie kinderlos bleiben. In der nächsten Generation wäre die genetische Mutation wahrscheinlich bereits wieder verschwunden.

- Die Person ist ein Mann in einer patriarchalischen Gesellschaft.

  Der Mann würde ebenfalls seine Bestimmung darin sehen, möglichst viele Krebskranke zu heilen. Er würde viel Geld verdienen, eine Ehefrau, viele Freundinnen und viele Kinder haben. In der nächsten Generation gäbe es wahrscheinlich bereits fünf oder mehr Menschen mit der gleichen genetischen Mutation.

- Die Person ist ein Mann in einer gleichberechtigten Gesellschaft.

  Der Mann würde gleichfalls seine Bestimmung darin sehen, möglichst viele Krebskranke zu heilen. Er würde zwar viel Geld verdienen, aber kaum Zeit für eigene Kinder haben, da er für jedes Kind die Hälfte der Familienarbeit zu leisten hätte. Gegebenenfalls würde er kinderlos bleiben. In der nächsten Generation wäre die genetische Mutation wahrscheinlich bereits wieder verschwunden.

Während die Natur also dem weiblichen Teil den Hauptteil der Fortpflanzungsarbeit zugewiesen hat, ist eine Hauptaufgabe des männlichen Geschlechts, die Evolution zu beschleunigen und für eine möglichst rasche Anpassung an den Lebensraum zu sorgen[31], das heißt, die Evolutionsfähigkeit zu verbessern[32]. Es ist folglich von Vorteil, wenn das männliche Geschlecht stärker von Mutationen betroffen ist, denn dann können ungünstige Mutationen leichter "eliminiert" und günstige gefördert werden, und zwar alles auf ganz natürliche Weise[33] [34]. Möglicherweise ist sogar ein Großteil des menschlichen Intellekts auf genau diese Weise entstanden[35]. Insgesamt ist das männliche Geschlecht so etwas wie ein "Turbolader" der Evolution, denn es unterliegt aufgrund der aus seiner Sicht knappen weiblichen Ressourcen einem erhöhten Selektionsdruck, und zwar selbst dann, wenn der Lebensraum nicht begrenzt ist.

Von Bedeutung ist in diesem Zusammenhang auch, dass die Sexualität eine neue Wettbewerbskommunikation hervorgebracht hat, das sogenannte *Recht des Besitzenden*[36], bei der die Verteilung der Ressourcen aus der Sicht der aktuellen Ressourcenbesitzer erfolgt (*Recht des Besitzenden*). Davor ging es in der Natur ausschließlich *dominant* zu: Fressen und gefressen werden, das heißt, die Ressourcenverteilung erfolgte aus der Sicht derjenigen, die an den Ressourcen interessiert waren (*Recht des Stärkeren*). Doch spätestens mit der sexuellen Selektion mussten die Männchen lernen, den Weibchen zu gefallen, um von ihnen erhört zu werden ("mein Bauch gehört mir"). Die Sexualität hat also letztlich unser modernes Leben erst möglich gemacht: Alle modernen Märkte, und selbst Zivilisation und Demokratie[37] basieren maßgeblich auf dem sich aus der sexuellen Selektion ableitenden *Recht des Besitzenden* (*Gefallen-wollen-Kommunikation*).

Den beiden Geschlechtern kommen also bereits aus biologischen Gründen unterschiedliche Aufgaben zu. Nivellierte man die Lebensentwürfe beider Geschlechter, entfiele der eigentliche Sinn des männlichen Geschlechts. Möglicherweise ist die zunehmende Orientierungslosigkeit der männlichen Jugend bereits Ausdruck dieser Entwicklung. Mittlerweile wünschen sich Frauen in Deutschland durchschnittlich nur noch 1,75 Kinder, Männer sogar nur 1,59[38]. Ein solches Resultat ist alarmierend, denn der männliche Kinderwunsch müsste aus biologischen Gründen (aufgrund der bereits erwähnten "Angebots-Nachfrage-Asymmetrie auf dem Markt sexueller Transaktionen", die die Basis des biologischen Vorteils getrenntgeschlechtlicher Populationen ist) stets höher sein als der weibliche. Offenbar wurden die spezifischen männlichen Fortpflanzungsinteressen in den Gesellschaftswissenschaften und der Familienpolitik bislang nicht ausreichend evaluiert und berücksichtigt.

Es kann heute kein Zweifel mehr daran bestehen, dass ein nennenswerter Teil des menschlichen Denkens, Fühlens und Verhaltens eine biologische Basis besitzt, die im Überlebenskampf während der Menschwerdung und in sozialen Kontexten entstanden ist[39]. Auch bei der Intelligenz kann von einer erheblichen erblichen Komponente ausgegangen werden, wie die Zwillings- und Adoptionsforschung belegt[40 41 42 43]. Ferner scheint hier das Gleiche zu gelten, was bereits bei der Geschlechterverteilung von Inselbegabten festgestellt wurde: Die Varianz der Intelligenzverteilung bei Männern ist deutlich höher als bei Frauen[44 45 46 47]. Beispielsweise ergab ein Test unter 2.500 Geschwistern, dass sich unter den "klügsten" und "dümmsten" zwei Prozent einer Bevölkerung offenbar doppelt so viele Männer wie Frauen befinden[48]. Gemäß anderen Untersuchungen[49 50] haben doppelt so viele Männer wie Frauen einen IQ oberhalb von 125 Punkten. Ab einem IQ von 155 kommt auf 5,5 Männer nur noch eine Frau[51].

In modernen menschlichen Gesellschaften korreliert der IQ mit Bildungsniveau und beruflichem Erfolg. Beruflicher Erfolg geht meist mit dem Erreichen verantwortungsvoller Positionen einher, wofür aber wiederum ein besonders starkes persönliches Engagement und das Einbringen umfangreicher zeitlicher Ressourcen erforderlich sind. Dies hat dann aber zwangsläufig zur Konsequenz, dass beruflicher Erfolg einem hohen Engagement bei anderen sozialen Aufgaben eher im Wege steht, was auch für die Familienarbeit gilt.

Und genau hier kommt nun das Problem der weiblichen Emanzipation ins Spiel. Wenn sowohl die berufliche Karriere als auch die Familienarbeit mit hohen zeitlichen Aufwänden und damit mit jeweils hohen Opportunitätskosten verbunden sind, und beide Geschlechter beide Aufgaben anteilsmäßig gleich erfüllen sollen, dann wird im statistischen Mittel eine bessere Ausbildung und darauf aufbauend eine größere berufliche Verantwortung immer mit einer geringeren Kinderzahl korrelieren. Daran werden Maßnahmen zur Verbesserung der Vereinbarkeit von Familie und Beruf nichts Entscheidendes ändern können.

Grundsätzlich ist davon auszugehen, dass sich mit einem Fortschreiten der weiblichen Emanzipation und insbesondere einer weiteren Steigerung der Frauenerwerbsquote die Verhältnisse für Frauen und Männer immer stärker angleichen werden, da es dann selbst für beruflich erfolgreiche

Männer immer schwerer werden dürfte, eine adäquate Lebensgefährtin zu finden, die bereit ist, für die Gründung einer größeren Familie für eine längere Zeit auf ihren Beruf zu verzichten. Dafür sprechen allein schon die festgestellte Bildungshomogamie bei Paaren[52] und IQ-Korrelation bei Ehepaaren[53]. Ferner übertragen sich die hohen Opportunitätskosten von Kindern bei einer gesellschaftsweit angestrebten paritätischen Aufteilung der Familienarbeit unmittelbar auch auf die Männer. Obwohl Männer oftmals bis ins hohe Alter fortpflanzungsfähig sind, entsteht dann für beide Geschlechter eine maximal 25-jährige "Rushhour des Lebens"[54], in der sowohl die Karriere aufgebaut als auch die Familie gegründet werden muss.

Man kann mit einfachen Modellen zeigen, dass es unter solchen Verhältnissen zwangsläufig zu einem langfristigen Nachlassen der durchschnittlichen Intelligenz der Bevölkerung (und damit von aktuellen Erfolgsmerkmalen) kommen muss, wobei der männlichen – und nicht der weiblichen – Fertilität eine herausragende Bedeutung zukommt[55]. Und in der Tat ist in den meisten entwickelten Ländern seit Ende der 1990er Jahre ein Absinken des durchschnittlichen IQs der Bevölkerung feststellbar[56] [57] [58]. Da IQ-Verluste auch mit Wohlstandsverlusten und erhöhter Arbeitslosigkeit einherzugehen scheinen[59] – ein Zusammenhang, der auch innerhalb Deutschlands nachweisbar ist -, dürfte dies zu einer signifikanten Verletzung der Generationengerechtigkeit führen[60].

Auf Basis des Prinzips der natürlichen Selektion der Evolutionstheorie könnte man geneigt sein zu fordern, in menschlichen Gesellschaften müsse sozialer Erfolg mit Reproduktionserfolg korrelieren. Eine solche Forderung gilt aber allgemein als *sozialdarwinistisch*[61]. Allerdings lässt sich argumentieren, dass die Evolution des Lebens nicht durch das Prinzip der natürlichen Selektion, sondern primär durch die Reproduktionsinteressen von Individuen vorangetrieben wird[62]. Daraus ließe sich dann aber ableiten, dass sozialer Erfolg nicht zu einer prinzipiellen und statistisch nachweisbaren Reduzierung des Fortpflanzungsinteresses (beziehungsweise Kinderwunsches) führen darf. Eine entsprechende Forderung scheint regelrecht ethisch geboten zu sein, denn es ist den Menschen nicht zumutbar, sich einerseits um sozialen Erfolg zu bemühen, dafür dann allerdings den Preis eines statistisch signifikant niedrigeren Fortpflanzungsinteresses zahlen zu müssen. Moderne Industriegesellschaften erfüllen diese Forderung üblicherweise nicht[63], und zwar aus den in diesem Artikel genannten ökonomischen und organisatorischen Gründen.

Nun lassen sich die Zusammenhänge dieses Abschnittes naturgemäß nicht "beweisen". Beweisen kann man nur in der Mathematik. Sie aber kaum begründet als nicht existent abzutun, könnte sich für die nächste Generation als genauso fatal erweisen, wie ein zu leichtfertiges Abtun der These, die globale Erwärmung würde durch den gestiegenen CO2-Ausstoß der Menschheit verursacht. Auch hat ein Hinweis auf biologische Zusammenhänge nichts mit einer Ablehnung von gezielten Fördermaßnahmen für sozial benachteiligte Schichten zu tun. Im Gegenteil: Damit diese gefördert werden können, muss es vor allem eine ausreichende Zahl an Menschen geben, die andere fördern können und nicht selbst auf Förderung angewiesen sind.

Ein häufiger Einwand gegenüber der vorgebrachten Argumentation ist der Folgende:

In unserer Gesellschaft bestehen Schicht- und Klassenunterschiede. Kinder aus sozial schwachen Schichten werden nicht nur durch ihr Umfeld benachteiligt, sondern auch in den Bildungsprozessen systematisch diskriminiert. Hierdurch erlangen sie geringere Bildungsabschlüsse und schneiden in den Intelligenztests schlechter ab. Durch Aufhebung der Benachteiligungen könnte man die berichtete ungünstige Entwicklung aufhalten oder gar umkehren.

Selbst wenn die angenommenen Voraussetzungen des Einwands (soziale Unterschiede, fehlende Chancengleichheit) zutreffen würden, sind die daraus gezogenen Schlüsse keineswegs richtig, und zwar aus den folgenden Gründen:

- Schafft ein Kind aus einer sozial schwachen und bildungsfernen Schicht dennoch den Aufstieg und den beruflichen Erfolg, dann unterliegt es in gleichberechtigten Sozialstaaten dem gleichen Opportunitätskostendilemma für Nachkommen, wie alle anderen beruflich engagierten Menschen auch. Es dürfte dann ebenfalls keine oder nur wenige Nachkommen haben.

- Stellen wir uns einen "idealen" gleichberechtigten Sozialstaat ohne soziale Benachteiligungen vor. In diesem wären beispielsweise alle Kinder gleich nach der Geburt in gemeinsame Erziehungseinrichtungen abzugeben (vergleichbar etwa den Kinderhäusern der Kibbuzim), wo sie gleichermaßen und ihren jeweiligen Fähigkeiten, Interessen und Neigungen gemäß optimal gefördert würden. Ihre Herkunft wäre den Erziehern und Erzieherinnen nicht bekannt. Dann ist aber zu erwarten, dass ein späterer sozialer Erfolg sehr häufig auf individuellen, genetisch vermittelten Kompetenzen beruht. Aufgrund des in einer solchen Gesellschaft weiterhin bestehenden Opportunitätskostendilemmas (beruflich engagierte und sozial erfolgreiche Menschen hätten höhere Opportunitätskosten für Kinder als sozial weniger erfolgreiche Menschen), würden sich Erfolgsmerkmale sukzessive eliminieren. Der obige Einwand ist folglich allein schon deshalb zurückzuweisen, weil das festgestellte Dilemma auch nach Aufhebung der bemängelten angeblichen Ursachen weiterhin bestehen würde.

4.3 Die ökonomische Theorie der Fertilität

Biologen behaupten meist, Lebewesen ginge es primär um Selbsterhalt und Fortpflanzung[64]:

> Genau so sind wir alle entstanden, ohne einem anderen Gesetz zu folgen, als dem der Erhaltung einer Identität und der Fähigkeit zur Fortpflanzung.

Ganz nüchtern betrachtet ist jedoch die Erbringung der aufwendigen und kräftezehrenden Nachwuchsarbeit aus Sicht eines Individuums alles andere als selbstverständlich[65]. Damit die Fortpflanzung trotzdem zuverlässig geschieht, musste die Natur/Evolution den Individuen ein biologisch fundiertes Reproduktionsinteresse verordnen. Anders gesagt: Lebewesen waren so zu konstruieren, dass sie nach Fortpflanzung "strebten".

Dies erfolgt nun aber offenkundig in erster Linie über die sexuelle Lust, denn seitdem es moderne Verhütungsmittel gibt, lassen sich Paarungs- und Reproduktionserfolg präzise voneinander trennen: Die Fortpflanzung generiert dann zu einem ökonomisch abschätzbaren Vorgang, der sich der Konkurrenz anderer Interessen des Individuums ausgesetzt sieht. Es sind dann Fragen möglich wie: "Berufliche Karriere, neues Auto, Urlaubsreise oder Kind?" Und seitdem hat die *ökonomische Theorie der Fertilität*[66] [67] ausreichende Substanz, um das Fortpflanzungsverhalten moderner Menschen relativ präzise beschreiben zu können.

Gemäß der ökonomischen Theorie der Fertilität lassen sich drei verschiedene *Nutzenarten* für Kinder unterscheiden[68] [69]: *Konsumnutzen, Einkommensnutzen, Sicherheitsnutzen*. Diesen Nutzenarten stehen zwei Kostenarten gegenüber: *Opportunitätskosten, direkte Kosten*.

Mit Wertedebatten oder Vorstellungen wie "Kinder kriegen die Menschen immer" (Konrad Adenauer) – beziehungsweise dessen moderner, abgeschwächter Variante "Kinder wollen die Menschen immer" – ist dem Nachwuchsproblem moderner Gesellschaften nicht beizukommen. Stattdessen ist nun bei jeder familien- oder bevölkerungspolitischen Maßnahme zu prüfen, ob sie den ökonomischen Anforderungen der adressierten Eltern gerecht wird oder nicht. Zurzeit wird genau dies nicht getan, wie noch aufgezeigt wird.

Die sichere Beherrschung des eigenen Fortpflanzungsinteresses stellt ein einmaliges Ereignis in der bereits mehr als drei Milliarden Jahre währenden Geschichte des Lebens auf der Erde dar. Obwohl der Begriff Bevölkerungsplanung durch Erfahrungen mit der Vergangenheit äußerst negativ besetzt ist, darf dennoch prognostiziert werden, dass *Familienplanung* und weibliche Emanzipation langfristig so etwas wie *Bevölkerungsplanung* zur Folge haben wird. Die zu niedrigen Geburtenraten der entwickelten Länder sind dafür von Vorteil, denn das im Abschnitt "Familie als Beruf" vorgestellte und in allen Ländern ganz ähnlich implementierbare Verfahren erlaubt die zielgenaue Erhöhung von Geburtenzahlen, das heißt, eine präzise und gegebenenfalls international abstimmbare *Bevölkerungsplanung*, und zwar ohne dabei in Persönlichkeitsrechte einzugreifen. Dies ist mit keiner anderen bislang vorgeschlagenen familien- oder bevölkerungspolitischen Maßnahme möglich. Alle anderen bislang diskutierten familien- oder bevölkerungspolitischen Maßnahmen scheinen der Größe des aktuellen Familienproblems nicht gerecht zu werden.

---

[15]   De Beauvoir, Simone (2000): Das andere Geschlecht. Sitte und Sexus der Frau. Hamburg: Rowohlt, S. 28

[16]   De Beauvoir, Simone (2000): Das andere Geschlecht. Sitte und Sexus der Frau. Hamburg: Rowohlt, S. 33

[17]   Schwarzer, Alice (2007): Die Antwort. Köln: Kiepenheuer & Witsch, S. 41

[18]   Schwarzer, Alice (2007): Die Antwort. Köln: Kiepenheuer & Witsch, S. 168

[19]   Butler, Judith (2007): Das Unbehagen der Geschlechter. Gender Studies. Frankfurt: Suhrkamp

[20]   Vgl. dazu auch Bischof-Köhler, Doris (2010): Von Natur aus anders. Zur Entstehung der Unterschiede zwischen den Geschlechtern. In: Fischer, E. P./Wiegand K. (Hrsg.): Evolution und Kultur des Menschen. Frankfurt: S. Fischer, S. 304-339. Die Autorin zeigt darin unter anderem auf, welch negative Folgen die dominierende, politisch korrekte "soziologistische" (S. 304) Position für die Sozialisation von Jungen bereits hatte, die (S. 307) "sich auf ihre Weise zur Wehr [setzen], nämlich meist lautstark, und nicht

selten, indem sie sich schlicht verweigern." Entsprechend mahnt sie an (S. 307): "Nun dürfen diese Ausführungen nicht dahingehend missverstanden werden, mit der traditionellen Rollenaufteilung sei alles in Ordnung. Handlungsbedarf ist auf jeden Fall gegeben. Aber zu alldem hat die Biologie etwas zu sagen, und wenn man sie nicht geradezu programmatisch aus dem Diskurs aussparen würde, dann hätte man vielleicht mehr Erfolg mit der Abänderung von Geschlechtsrollen, wo immer sie sich als kontraproduktiv erweisen."

[21] Wuketits, Franz M. (2005): Evolution. Die Entwicklung des Lebens. München: C. H. Beck, S. 55ff.

[22] Eigen, Manfred (1987): Stufen zum Leben. Die frühe Evolution im Visier der Molekularbiologie, München: Piper, S. 114

[23] Voland, Eckart (2007): Die Natur des Menschen. Grundkurs Soziobiologie. München: C. H. Beck, S. 49

[24] Betzig, Laura L. (1986): Despotism and Differential Reproduction. A Darwinian View of History. New York: Aldine Publishing Company

[25] Voland, Eckart (2000): Grundriss der Soziobiologie. Heidelberg: Spektrum Akademischer Verlag, S. 89f.

[26] Hopcroft, Rosemary L. (2006): Sex, status, and reproductive success in the contempory United States, in: Evolution and Human Behaviour, 27, 104-112, S. 105

[27] Voland, Eckart (2000): Grundriss der Soziobiologie. Heidelberg: Spektrum Akademischer Verlag, S. 89

[28] Weber, Thomas P. (2003): Soziobiologie. Frankfurt: S. Fischer, S. 77

[29] Kanazawa, Satoshi (2003): Can evolutionary psychology explain reproductive behavior in the contempory United States? in: Sociological Quaterly, 44, 291-301

[30] Zechner, U./Wilda, M./Kehrer-Sawatzki, H./Vogel, W./Fundele, R./Hameister, H. (2001): A high density of X-linked genes for general cognitive ability: a run-away process shaping human evolution? in: Trends Genet 17, 697-701

[31] Zechner, U./Wilda, M./Kehrer-Sawatzki, H./Vogel, W./Fundele, R./Hameister, H. (2001): A high density of X-linked genes for general cognitive ability: a run-away process shaping human evolution? in: Trends Genet 17, 697-701

[32] Malsburg, Christoph von der (1987): Ist die Evolution blind? In: Küppers, Bernd-Olaf (Hrsg.): Ordnung aus dem Chaos: Prinzipien der Selbstorganisation und Evolution des Lebens. München: Piper, S. 269-279

---

[33] Mithilfe eines separaten männlichen Geschlechts kann somit das Mutationsfenster der Art (innerhalb derer die Art lebensfähig bleibt) weiter ausgeschöpft werden, allerdings auch nur dann, wenn die Männchen stärker von Mutationen betroffen sind als die Weibchen und sie den deutlich höheren potenziellen Fortpflanzungserfolg besitzen.

[34] Karl Olsberg führt dazu aus: "Man kann den Zusammenhang zwischen Mutationsrate und Evolutionsfortschritt mathematisch analysieren. Dies haben Ingo Rechenberg (...) und seine Mitarbeiter schon in den siebziger Jahren getan. (...) In vielen Fällen ist die Mutationsrate optimal, wenn 20 Prozent der Nachkommen besser an die Umwelt angepasst sind als ihre Eltern, 80 Prozent jedoch schlechter. (...) Der Grund liegt darin, dass es einen mathematischen Zusammenhang zwischen der Schrittweite der Mutationen und dem Anteil 'schlechter' Mutationen gibt. Man kann also die Schrittweite nur vergrößern, wenn man einen höheren Anteil nachteiliger Mutationen in Kauf nimmt." (Olsberg, Karl (2010): Schöpfung außer Kontrolle: Wie die Technik uns benutzt. Berlin: Aufbau Verlag, S. 56f.) Eine optimierte Lösung in der Hinsicht stellt offenkundig die Getrenntgeschlechtlichkeit dar: Männlich = hohe Mutationsschrittweite + Selektion, weiblich = niedrige Schrittweite.

[35] Miller, Geoffrey F. (2001).: Die sexuelle Evolution. Partnerwahl und die Entstehung des Geistes. Heidelberg: Spektrum Akademischer Verlag

[36] Mersch, Peter (2008): Evolution, Zivilisation und Verschwendung. Über den Ursprung von Allem. Norderstedt: Books on Demand, S. 26ff.

[37] Mersch, Peter (2008): Evolution, Zivilisation und Verschwendung. Über den Ursprung von Allem. Norderstedt: Books on Demand, S. 249ff.

[38] Robert Bosch Stiftung (2006): Bosch-Studie. Kinderwunsch höher als Geburtenrate, 28.06.2006, in: http://www.bosch-stiftung.de/content/language1/html/8214.asp

[39] Eibl-Eibesfeldt, Irenäus (2004): Die Biologie des menschlichen Verhaltens. Grundriss der Humanethologie. München: Piper

[40] Borkenau, Peter (1993): Anlage und Umwelt. Eine Einführung in die Verhaltensgenetik. Göttingen: Hogrefe

[41] Riemann, Rainer und Spinath, Frank M. (2005): Genetik und Persönlichkeit; In: Hennig, Jürgen und Netter, Petra (Hrsg.): Biopsychologische Grundlagen der Persönlichkeit, Heidelberg: Spektrum Akademischer Verlag, S. 616ff.

[42] Shaffer, David R./Kipp, Katherine (2007): Developmental Psychology. Childhood and Adolescence. Belmont: Thomson Wadsworth, S. 105ff.

[43] Roth, Gerhard (2003): Aus Sicht des Gehirns. Frankfurt: Suhrkamp, S. 110ff.

[44] Deary IJ/ Irwing P/ Der G/ Bates TC (2007): Brother-sister differences in the g factor in intelligence: analysis of full, opposite-sex siblings from the NLSY1979, in: Intelligence 35, 451-456

[45] Zechner, U./Wilda, M./Kehrer-Sawatzki, H./Vogel, W./Fundele, R./Hameister, H. (2001): A high density of X-linked genes for general cognitive ability: a run-away process shaping human evolution? in: Trends Genet 17, 697-701

[46] Myers, David G. (2010): Psychology. New York: Worth Publishers, S. 431-434

[47] Ein Grund dürfte in der unterschiedlichen Chromosomenausstattung der Geschlechter liegen: Männer haben nur ein X-Chromosom (und ein vernachlässigbares Y-Chromosom), Frauen dagegen zwei, von denen jedoch eins inaktiv ist. Bei Menschen und den höheren Säugetieren (Plazentatiere) wird die bleibende Auswahl des zu inaktivierenden X-Chromosoms in den Zellen des Embryos zufällig und in jeder Zelle eigenständig getroffen. Diese Art der Auswahl wird als Vorteil angesehen, da so im weiblichen Organismus bei einer schädlichen Mutation auf einem der X-Chromosomen diese nur in etwa der Hälfte der Zellen zum Tragen kommt und die gesunden Zellen dies in vielen Fällen weitgehend ausgleichen können. Sie führt aber auch dazu, dass bei Frauen weniger häufig "extreme" IQ-Werte gemessen werden. Siehe: http://de.wikipedia.org/wiki/X-Inaktivierung

[48] Deary IJ/ Irwing P/ Der G/ Bates TC (2007): Brother-sister differences in the g factor in intelligence: analysis of full, opposite-sex siblings from the NLSY1979, in: Intelligence 35, 451-456

[49] Irwing, Paul/Lynn, Richard (2005): Sex differences in means and variability on the progressive matrices in university students: A meta-analysis, in: British Journal of Psychology, 96, 505-524

[50] Lynn, Richard/Irwing, Paul (2004): Sex differences on the Progressive Matrices: a meta-analysis, in: Intelligence, 32, 481-498

[51] sueddeutsche.de (2005): Also doch: Männer sind intelligenter als Frauen. 26.08.2005, in: http://www.sueddeutsche.de/panorama/558/375367/text/

[52] Eggen, Bernd/Rupp, Marina (Hrsg.) (2006): Kinderreiche Familien. Wiesbaden: VS Verlag für Sozialwissenschaften, S. 56

[53] Bouchard TJ/McGue M (1981): Familial studies of intelligence. A review, in: Science, 212, 1055-1059

[54] Bertram, Hans/Rösler, Wiebke/Ehlert, Nancy (2005): Nachhaltige Familienpolitik. Zukunftssicherung durch einen Dreiklang von Zeitpolitik, finanzieller Transferpolitik

und Infrastrukturpolitik. Berlin: Bundesministerium für Familie, Senioren, Frauen und Jugend

[55] Mersch, Peter (2007a): Die Emanzipation – ein Irrtum! Warum die Angleichung der Geschlechter unsere Gesellschaft restlos ruinieren wird. Norderstedt: Books on Demand, S. 94ff.

[56] Sundet, J. M./Barlaug, D. G./Torjussen, T. M. (2004): The end of the Flynn effect? A study of secular trends in mean intelligence test scores of Norwegian conscripts during half a century, In: Intelligence 32, 349-362

[57] Teasdale, Thomas W./Owen, David R. (2005): A long-term rise and recent decline in intelligence test performance. The Flynn Effect in reverse, In: Personality and Individual Differences 39(4), 837-843

[58] wissenschaft.de (2005): Forscher schlagen Alarm. In den Industrieländern ist der IQ auf Talfahrt. 16.05.2005, in: http://www.wissenschaft.de/wissenschaft/hintergrund/253016.html

[59] Lynn, Richard/Vanhanen, Tatu (2002): IQ and the Wealth of Nations. Westport: Praeger Publishers

[60] Tremmel, Jörg (2005): Bevölkerungspolitik im Kontext ökologischer Generationengerechtigkeit. Wiesbaden: Deutscher Universitäts-Verlag, S. 98

[61] Vogel, Christian (2000): Anthropologische Spuren. Zur Natur des Menschen. Stuttgart: S. Hirzel, S. 183f.

[62] Mersch, Peter (2008): Evolution, Zivilisation und Verschwendung. Über den Ursprung von Allem. Norderstedt: Books on Demand, S. 59ff.

[63] Klein, Doreen (2006): Zum Kinderwunsch von Kinderlosen in Ost- und Westdeutschland, in: BiB, Materialien zur Bevölkerungswissenschaft, Heft 11

[64] Maturana, Humberto R./Varela, Francisco J. (1990): Der Baum der Erkenntnis. Die biologischen Wurzeln menschlichen Erkennens. München: Goldmann, S. 129

[65] Mersch, Peter (2008): Evolution, Zivilisation und Verschwendung. Über den Ursprung von Allem. Norderstedt: Books on Demand, S. 59ff.

[66] Klein, Thomas (2005): Sozialstrukturanalyse. Eine Einführung. Hamburg: Rowohlt, S. 81

[67] Hill, Paul B./Kopp, Johannes (2004): Familiensoziologie. Grundlagen und theoretische Perspektiven, Wiesbaden: VS Verlag für Sozialwissenschaften, S. 198ff.

[68] Klein, Thomas (2005): Sozialstrukturanalyse. Eine Einführung. Hamburg: Rowohlt, S. 81

[69] Hill, Paul B./Kopp, Johannes (2004): Familiensoziologie. Grundlagen und theoretische Perspektiven, Wiesbaden: VS Verlag für Sozialwissenschaften, S. 198ff.

5 Ökonomie

Wenn in gleichberechtigten Gesellschaften – anders als im Patriarchat – neben den Männern auch alle Frauen einer Erwerbsarbeit nachgehen, wird es zwangsläufig zu einem deutlichen Anstieg der Zahl an Arbeitskräften kommen. Denkbare negative Folgen sind: Arbeitskräfteüberangebot, Langzeitarbeitslosigkeit, Frühverrentungen, Jugendarbeitslosigkeit, vermehrte Teilzeitjobs, prekäre Arbeitsverhältnisse und Lohneinbußen. Tatsächlich nahm die Zahl der Erwerbspersonen von 1970 bis 2007 – umgerechnet auf die heutige Bevölkerungsgröße – um ca. 7 Millionen zu[70], da der Anteil der Erwerbspersonen an der Gesamtbevölkerung im genannten Zeitraum von ca. 44 Prozent auf ca. 53 Prozent anstieg, ein Effekt, der maßgeblich auf eine erhöhte Frauenerwerbsquote zurückzuführen ist.

Ferner dürfte die Kaufkraft des durchschnittlichen Einkommens pro Arbeitnehmer sinken, denn man kann den produzierten Warenkorb nicht mehrfach teilen. Für die Mehrkindfamilie hätte dies fatale Konsequenzen, da sie aufgrund des enormen Aufwands bei der Familienarbeit üblicherweise nur einen Ernährer hat: Konnte im Patriarchat ein einzelner Mann mit einem leicht überdurchschnittlichen Gehalt noch seine Frau und beispielsweise vier Kinder ernähren, so kann er das in gleichberechtigten Gesellschaften nun möglicherweise nicht mehr. Die gesellschaftsweite Priorisierung von Erwerbsarbeit (*Produktion*) gegenüber der Nachwuchsarbeit (gesellschaftliche Reproduktion) bei beiden Geschlechtern dürfte auf diese Weise zu einer Entwertung von Familienarbeit und einer generellen Verarmung größerer Familien führen.

Und schließlich kommt es durch niedrige Geburtenraten zu einer Absenkung des Binnenbedarfs und damit zu einer weiteren möglichen Erhöhung der Arbeitslosigkeit. Werden die entstehenden Humankapitallücken später durch Migranten aus der Dritten Welt aufgefüllt, dann handelt es sich bei der Absenkung der Geburtenraten letztlich um eine Verlagerung von (Familien-)Arbeit in Niedriglohngebiete (beziehungsweise um Kolonialismus, wie es der Bevölkerungsforscher Herwig Birg einmal ausdrückte), im Grunde also um die gleiche Vorgehensweise, die man gelegentlich den global operierenden Unternehmen vorwirft.

Nun kennen aber auch Unternehmen die Unterscheidung von *Produktion* und *Reproduktion*. Betrachten wir dazu einmal einen Pharmakonzern wie Bayer HealthCare.

Medikamente besitzen üblicherweise einen Patentschutz von bis zu zwanzig Jahren. Wenn der Patentschutz eines umsatzstarken Medikamentes ausläuft, dann dürfte die Vermarktung des Produktes schwieriger werden, es altert sozusagen. Oft kann der Hersteller noch kleinere Verbesserungen vornehmen, die die Konkurrenz wieder etwas auf Abstand halten. Man könnte solche Produktinnovationen mit Qualifizierungsmaßnahmen beim Menschen vergleichen.

Aber irgendwann dürfte es dann auch bei dem besten Medikament so weit sein: Es können kaum noch Gewinne erzielt werden. Das Produkt geht "in Rente". Doch wovon sollte Bayer HealthCare dann leben? Selbstverständlich von den Produkten, die in der Zwischenzeit in den Forschungs- und Entwicklungslabors herangereift sind.

High-Tech-Unternehmen, die es gewohnt sind, auf Märkten mit anderen Unternehmen um Kunden zu konkurrieren, wissen, dass sie in ihre zukünftigen Produkte investieren müssen, das heißt, in Forschung und Entwicklung, oder abstrakter ausgedrückt: in ihre *Produkt-Reproduktion*. Tun sie dies nicht, laufen sie Gefahr, den technologischen Anschluss und damit Kunden an andere Anbieter zu verlieren. Mit zunehmender Konkurrenz steigt die Bedeutung der Reproduktion. Innovativen Unternehmen waren diese Zusammenhänge schon immer bewusst.

Bei Produktion und Reproduktion handelt es sich um eigenständige und gleichgewichtige Aufgaben. Das folgende Beispiel macht deutlich, dass diese nur schwer miteinander vereinbar sind.

Unternehmen investieren in neue Produkte häufig ähnlich lange vor, wie dies menschliche Gesellschaften beim Aufziehen von Nachwuchs (Reproduktion von Humankapital) tun. Ein neues Medikament hat in der Pharmaindustrie heute üblicherweise eine Entwicklungszeit von 12 bis 15 Jahren. Rechnet man die Grundlagenforschung dazu, dann führen neue Erkenntnisse manchmal erst in 25 Jahren zu neuen Produkten, wobei die Produkteinführung nicht selten nochmals mehrere Jahre andauern kann. Erst dann können endlich Gewinne eingefahren werden. Und kommt es im Rahmen von Produktzulassungsprozessen zu Problemen, dann muss gegebenenfalls eine neue Produktlinie, deren Entwicklung 20 Jahre vorher hoffnungsfroh begonnen wurde, am Ende sogar vollständig eingestellt werden.

Betrachten wir deshalb einmal das folgende fiktive Pharmaunternehmen: Die eigentliche Produktion besteht in der Herstellung und Vermarktung von verschiedenen Medikamenten. Damit wird letztlich das Geld verdient. In der Produktion arbeiten ausschließlich Frauen, die für ihre Tätigkeit auch entlohnt werden. In der Forschung (Produkt-Reproduktion) sind dagegen ausschließlich Männer beschäftigt. Diese erhalten kein Gehalt, da mit der Forschung keine Einnahmen erzielt werden.

Irgendwann ist es den Forschern zu bunt. Aber anstatt auf einer angemessenen Bezahlung für ihre reproduktiven und auf lange Sicht für das Unternehmen bedeutsamen Tätigkeiten zu bestehen, beharren sie auf ihrem Recht, nun ebenfalls in der Produktion beschäftigt zu werden, um Geld verdienen zu können. Aus Gründen der Geschlechtergleichstellung kann man ihnen diesen Wunsch nicht verwehren, sodass nun massenhaft Männer in die Produktion drängen. Die Folge ist: Die Reproduktion liegt danieder, die Zukunft des Unternehmens steht auf dem Spiel.

Gleichzeitig ist jetzt das Arbeitsangebot für die Produktion zu groß, sodass Frauen ab 50 in Frührente geschickt werden und weniger qualifizierte entlassen. 50-jährige Männer werden erst gar nicht übernommen und bei den weniger qualifizierten gilt das Gleiche. Ebenso sinken die Gehälter, während die Anforderungen steigen, denn die Auswahl an potenziellen Arbeitnehmern ist groß. Es passieren also ziemlich genau die Dinge, an die wir uns in unserer Gesellschaft auch längst gewöhnt haben.

Die Forderung nach einer besseren Vereinbarkeit von Familie und Beruf entspricht in unserem Pharmakonzern-Beispiel dem Anliegen, Frauen und Männer sollten neben der Produktion auch noch ein wenig Forschung betreiben: Tagsüber Herstellen von Pillen, abends unentgeltliches Forschen im Labor. In ernsthaften Unternehmen wäre man sich sehr schnell im Klaren darüber: Dies kann und wird nicht funktionieren.

Wir stellen fest: Hart kalkulierende und durch und durch ökonomisch denkende, gewinnorientierte Unternehmen investieren Milliardensummen in ihre Reproduktion, obwohl sich diese nicht unmittelbar "rechnet". Sie beschäftigen in diesen Bereichen üblicherweise ihre fähigsten Mitarbeiter. Oft repräsentieren solche Abteilungen sogar die eigentliche Kernkompetenz des Unternehmens, während fast alles andere ausgelagert werden könnte und zum Teil auch wird.

Dabei fällt aber vor allem eins auf: Leistungsfähige Unternehmen organisieren sowohl ihre produktiven als auch reproduktiven Bereiche marktwirtschaftlich, Staaten tun dies dagegen nicht. Oder anders gesagt: Moderne, gleichberechtigte Gesellschaften weisen einen massiven Organisationsfehler auf.

---

[70] Statistisches Bundesamt Deutschland (2009), Arbeitsmarkt: Bevölkerung und Erwerbstätigkeit (Inländer), http://www.destatis.de/

6 Individualisierung

Die in der Soziologie sehr weit akzeptierte Individualisierungsthese besagt, dass sich der Einzelne in modernen Gesellschaften immer stärker aus übergeordneten Vorgaben bezüglich Geschlecht, Alter beziehungsweise sozialer oder regionaler Herkunft löst, sodass es zu einer drastischen Zunahme der individuellen Entscheidungsspielräume und einer Reduzierung des Grads der Außensteuerung kommt: Das Individuum wird zentraler Bezugspunkt für sich selbst und die Gesellschaft[71].

Die erste Phase der Individualisierung, die im Wesentlichen auf Männer beschränkt blieb, bezeichnet die Zeit vom Beginn des Industrialisierungsprozesses bis Mitte des 20. Jahrhunderts[72].

Seit den 60er Jahren des 20. Jahrhunderts findet ein neuer Individualisierungsschub statt, der nun auch – unterstützt durch leistungsfähige und durch die Frauen selbst kontrollierbare Empfängnisverhütungsmittel – die Frauen mit einschließt. Auslöser war aber wohl auch die wohlfahrtsstaatliche Nachkriegsentwicklung mit weit vorangetriebenen sozialen Sicherungssystemen, gepaart mit einem hohen materiellen Lebensstandard, der die Menschen aus ihren traditionellen Bindungen riss und sie verstärkt auf sich selbst und ihr individuelles Arbeitsmarktrisiko verwies[73].

Individualisierung bewirkt nicht nur eine stärkere Abhängigkeit des Einzelnen von Leistungen Dritter und dabei zum Teil auch von (wohlfahrts)staatlichen Funktionen (Bildungseinrichtungen, innere Sicherheit, Rechtsprechung, Altersversorgung etc.)[74], sondern setzt diese geradezu voraus. Dies hat aber umgekehrt zur Konsequenz, dass der Wohlfahrtsstaat immer mehr Funktionen übernehmen und garantieren muss, die gemeinhin dem Kollektivverhalten zuzurechnen sind[75].

Individualisierungsprozesse – wie sie im Rahmen der weiblichen Emanzipation aufseiten der Frauen stattgefunden haben – gehen folglich meist mit einer Auslagerung von Kollektivaufgaben, die ja einen Teil der vormaligen gesellschaftlichen Rolle ausmachten, an Dritte, häufig an den Wohlfahrtsstaat, einher. Beispielsweise hatte die Verlagerung der Produktion aus dem häuslichen Bereich in die Fabriken im Rahmen der Industrialisierung nicht die optimale Vereinbarkeit von männlicher Schutzleistung und Beruf zur Folge, sondern den Beruf des Polizisten. Es ist also nur folgerichtig, wenn der Wohlfahrtsstaat nun die Finanzierung größerer Familien in seine

Verantwortung übernimmt: Frauen und Männer als Individuen sind unter den heutigen Verhältnissen dazu offenkundig nicht mehr in der Lage. Das *Prinzip der ökonomisch autarken Familie* (Wirtschaftsfunktion der Familie) war eine Eigenart des Patriarchats, welche unter der Gleichberechtigung der Geschlechter in der bisherigen Form nicht mehr bestehen bleiben kann.

In unserer Gesellschaft sind die Aufwände für das Erziehen von Kindern im Wesentlichen privat zu erbringen (Wirtschaftsfunktion der Familie), während die Ergebnisse der Erziehungsarbeit sozialisiert werden. Ganz besonders deutlich zeigt sich dies bei der aktuellen Konstruktion des deutschen Rentensystems: Kinderlose können die höchsten Rentenansprüche erwerben, weil sie sich voll und ganz auf die Arbeit konzentrieren können. Ihre späteren Renten sind dann aber – gemäß Generationenvertrag – von den Kindern anderer – die nun meist geringere Rentenansprüche besitzen – zu erwirtschaften.

Unter solchen Verhältnissen kommt es aber meist zur sogenannten Tragik der Allmende[76]. Entsprechend könnte man argumentieren, dass es sich beim demografischen Wandel um die Tragik der Allmende bei der gesellschaftlichen Kollektivaufgabe "Nachwuchsarbeit" handelt[77].

Damit es bei Individualisierungsprozessen nicht zur Tragik der Allmende kommt, laufen diese – vereinfacht dargestellt – ganz häufig etwa wie folgt ab:

- In traditionellen Gesellschaften hatten die Menschen neben ihren individuellen Aufgaben auch kollektive Pflichten zu erfüllen. Dazu dienten unter anderem gesellschaftliche Rollenvorgaben.

- Im Rahmen der *Individualisierung* verselbstständigt sich der Einzelne nun immer mehr gegenüber der Gemeinschaft. Dabei löst er sich von den traditionalen Rollenvorgaben. Als Handelnder sucht er seinen individuellen Erfolg zum Beispiel bei einer Erwerbsarbeit, wo er umso mehr Einkommen erzielen kann, je geringer seine Aufwände (inklusive Opportunitätskosten) bei den Gemeinschaftsaufgaben sind, denn er hat ja dann mehr Zeit für die Erwerbsarbeit. Für ihn lohnt es sich also ganz besonders, bei den Gemeinschaftsaufgaben "faul" zu sein, weswegen es dort zwangsläufig zur Tragik der Allmende kommen wird.

- Die verbindliche Ausführung von notwendigen Gemeinschaftsaufgaben muss nun also auf andere Weise gewährleistet werden. Dazu dient die *Institutionalisierung*. Statt die Kollektivaufgaben weiterhin dem

Einzelnen anteilsmäßig aufzubürden, werden sie an Dritte ausgelagert, und zwar ganz häufig an den Wohlfahrtsstaat. Dieser erwartet dann aber von seinen Bürgern einen Obolus, üblicherweise in Form von Steuern oder eines sogenannten Parafiskus. Die Steuern müssen wiederum verpflichtend erhoben werden, andernfalls dürfte es bei der Steuerzahlung selbst zur Tragik der Allmende kommen. Steuern stellen somit gewissermaßen ein Äquivalent für die Summe aller Kollektivaufgaben des Individuums dar.

- Der Wohlfahrtsstaat wird dann neue Institutionen schaffen, die die freigesetzten Gemeinschaftsaufgaben in seinem Sinne und Auftrag erfüllen.

- Finanziert werden die Institutionen durch die Steuerzahlungen der Bürger. Die Mitarbeiter der neu erschaffenen Organe rekrutiert der Staat wie jedes andere Unternehmen über den Arbeitsmarkt, sodass auch diese von den Vorteilen der Individualisierung profitieren können. Die bisherige Kollektivaufgabe wird auf diese Weise professionalisiert und damit indirekt aufgewertet. Am Ende ist sie ganz häufig ein integraler Bestandteil der arbeitsteiligen Wirtschaftswelt.

Die Individualisierung aufseiten der Männer hatte Staatenbildung, staatliches Gewaltmonopol, Polizei und Schulen zur Folge. Im Rahmen der weiblichen Individualisierung, bei der es sich möglicherweise um die größte soziale Umwälzung der letzten zwei Millionen Jahre handelt, dürfte deshalb deutlich mehr erforderlich sein, als die Einführung einiger weniger zusätzlicher Vereinbarkeitsmaßnahmen.

Die Individualisierungsthese geht unter anderem von einer zunehmenden gesellschaftlichen Arbeitsteilung aus. Im Rahmen der weiblichen Individualisierung wird aber seit Jahrzehnten in die umgekehrte Richtung ("Zusammenführung der allerersten menschlichen Arbeitsteilung") argumentiert. Man könnte deshalb auch sagen: Die *Vereinbarkeitsthese* ("Familien bekommen heute deshalb so wenige Kinder, weil die Vereinbarkeit von Familie und Beruf noch nicht ausreichend gegeben ist, obwohl dies prinzipiell möglich wäre.") steht im Widerspruch zur *Individualisierungsthese*.

---

[71] Junge, Matthias (2002): Individualisierung. Frankfurt: Campus, S. 7

[72] Peuckert, Rüdiger (2005): Familienformen im sozialen Wandel. Wiesbaden: VS Verlag für Sozialwissenschaften, S. 362f.

[73] Peuckert, Rüdiger (2005): Familienformen im sozialen Wandel. Wiesbaden: VS Verlag für Sozialwissenschaften, S. 363f.

[74] Beck, Ulrich (1986): Risikogesellschaft. Auf dem Weg in eine andere Moderne. Frankfurt: Suhrkamp, S. 109f.

[75] Lange, Stefan/Braun, Dietmar (2000): Politische Steuerung zwischen System und Akteur. Opladen: Leske + Budrich, S. 20

[76] Mersch, Peter (2008): Familie als Beruf. Norderstedt: Books on Demand, S. 43f.

[77] Mersch, Peter (2008): Familie als Beruf. Norderstedt: Books on Demand, S. 47f.

7 Was tun?

Bevor ich auf mögliche Maßnahmen zu sprechen komme, möchte ich noch einmal die wesentlichsten bisherigen Befunde zusammenfassen:

- Der Geburtenrückgang in Deutschland (aber auch in den meisten anderen entwickelten) Ländern ist in erster Linie auf das Verschwinden der Mehrkindfamilie (drei oder mehr Kinder) zurückzuführen und weniger auf die Zunahme der Kinderlosigkeit. Anders gesagt: Familienpolitische Maßnahmen sollten auch und gerade die Interessen der Mehrkindfamilie adressieren.

- Für die Mehrkindfamilie gibt es unter der Gleichberechtigung der Geschlechter kein funktionierendes Familienmodell. Dies liegt ganz wesentlich an der Wirtschaftsfunktion der Familie, an der man im Rahmen der Emanzipation der Frauen nicht gerüttelt hat. Da in gleichberechtigten Gesellschaften mit zunehmender Kinderzahl sowohl die Familienkosten steigen als auch die Familieneinnahmen sinken, können sich größere Familien praktisch nicht mehr selbst finanzieren. Die Wirtschaftsfunktion der Familie ist mit der Gleichberechtigung der Geschlechter inkompatibel. Damit ist die zweite der beiden Eingangsfragen negativ beantwortet.

- Eine gesellschaftsweite Angleichung der Lebensentwürfe beider Geschlechter ist aus biologischen Gründen nicht möglich. Gesellschaften, die die Geschlechter auf diese Weise gleichstellen, würden sich sukzessive vieler ihrer Erfolgsmerkmale entledigen. Empirische Daten scheinen zu belegen, dass dieser Prozess in den entwickelten Ländern längst begonnen hat. Die erste der beiden Eingangsfragen konnte damit ebenfalls negativ beantwortet werden. Allerdings reicht der folgenden Argumentation bereits die negative Beantwortung der zweiten Eingangsfrage.

Doch nun zu den verschiedenen familienpolitischen Maßnahmen und Optionen.

7.1 Vereinbarkeit von Familie und Beruf

Selbstverständlich sollte eine moderne Gesellschaft alles dafür tun, damit auch Berufstätige eine Familie haben können. Mit anderen Worten: Vereinbarkeitsmaßnahmen sind erforderlich. Allerdings – und das wird in der Öffentlichkeit meist nicht ganz korrekt dargestellt – können Vereinbarkeitsmaßnahmen das Nachwuchsproblem gleichberechtigter Gesellschaften nicht einmal ansatzweise lösen, und zwar unter anderem aus den folgenden Gründen (es gibt noch zahlreiche weitere, aber das würde hier zu weit führen):

- Der Geburtenrückgang ist in erster Linie auf das Verschwinden größerer Familien zurückzuführen. Diese können aber mit Vereinbarkeitsmaßnahmen wenig anfangen, da bei ihnen meist so viel Familienarbeit anfällt, dass eine Person ohnehin zu Hause bleiben muss. Größeren Familien fehlt es dagegen an Einkommen.

- Den einzigen Nutzen, den Eltern heute aus ihren Kindern ziehen können, ist der sogenannte *Konsumnutzen*. Als Konsumnutzen von Kindern wird in erster Linie die Erfüllung emotional-expressiver Elternschaftmotive verstanden: Man hat Kinder, weil man ihnen Liebe geben kann und durch sie Liebe erfährt[78].

  Der Konsumnutzen von Kindern erlaubt bei Abwägung gegenüber anderen Kosten eine Einschränkung der Kinderzahl[79] [80]. Dieser sich so trocken anhörende Satz heißt nichts anderes als: Alles das, was einem an Kindern Freude bereitet, kann man eigentlich auch schon mit ein bis zwei Kindern erfahren. Wenn man nur über begrenzte zeitliche oder finanzielle Mittel verfügt, dann dürfte der Konsumnutzen von weiteren Kindern in der Regel nicht groß genug sein, um die durch zusätzliche Kinder verursachten Kosten zu rechtfertigen, denn die Kosten für die Kinder steigen fast linear mit der Kinderzahl, der Konsumnutzen üblicherweise dagegen nicht. Die Konsequenz daraus ist: Selbst wenn Deutschland das Schlaraffenland der Kinderbetreuung wäre, werden sich berufstätige Eltern im Normalfall auf maximal zwei Kinder beschränken.

- Beruflich sehr erfolgreiche Paare, die so viel Geld verdienen, dass sie sich problemlos ein oder mehrere Kindermädchen leisten könnten (das heißt, die Vereinbarkeitsmaßnahmen selbst finanzieren könnten), haben meist keine oder nur ganz wenige Kinder. Sie verfügen zwar über die finanziellen Mittel, nicht jedoch über ausreichende Zeit für Kinder (Opportunitätskosten).

7.2 Steuererleichterungen für Familien

Größere Familien leben meist nur von einem Einkommen, weswegen sie dann ohnehin kaum Steuern zahlen. Man kann aber nur die Steuern einsparen, die man auch verdient.

Oftmals werden Steuererleichterungen für Familien wie folgt begründet[81]:

> Gerechtigkeit statt Geschenke! Es muss darum gehen, die Familien in die Lage zu versetzen, ihre Kinder aus dem selbst erwirtschafteten Einkommen zu unterhalten, statt dies aus einer Position eines Almosen-empfängers heraus zu tun.

Wie die vorliegende Arbeit zeigen konnte, ist eine solche Forderung für gleichberechtigte Gesellschaften nicht länger zutreffend. Sie hält an der Wirtschaftsfunktion der Familie fest, bei der es sich jedoch um eine Eigenart des patriarchalischen Ernährermodells handelt.

7.3 Bedingungsloser Lastenausgleich für Familien

Hierunter sollen alle Maßnahmen zusammengefasst werden, bei denen Familien bedingungslos (pro Kind) die gleichen Ansprüche auf finanzielle Zuwendungen erhalten. Darunter fallen: Kindergeld, Erziehungsgehalt[82], bedingungsloses Grundeinkommen[83][84].

Obwohl alle diese Maßnahmen das grundsätzliche Problem größerer Familien, nämlich über kein ausreichendes Einkommen zu verfügen, adressieren, weisen sie zwei entscheidende Systemfehler auf:

- Jeder potenzielle Leistungserbringer kann den Bedarf selbst erzeugen.

  Eine Frau müsste nämlich lediglich – ungefragt – ein Kind in die Welt setzen, und schon hätte sie Anspruch auf die staatlich zugesagten Mittel. Dies widerspricht aber den sonstigen gesellschaftlichen Gepflogenheiten (derjenige der zahlt, bestimmt den Gesamtbedarf), zumal hierdurch bedenkliche Seiteneffekte entstehen können.

  Für Erwerbsarbeiten gelten üblicherweise drei Bedingungen: Bedarfsmeldung (wobei sich Bedarfsmelder und Leistungserbringer unter-

scheiden), Tauschbarkeit der Leistung (zum Beispiel auf Basis vorge-
gebener Qualifikationen), vertragsmäßige Freiwilligkeit. Normale
Hausarbeit erfüllt keine der genannten Bedingungen, weswegen man
(unprofessionellen) Hausfrauen auch kein Erziehungsgehalt zahlen
kann.

- Die Maßnahmen benachteiligen Berufstätige.

Stellen wir uns beispielsweise vor, der Staat würde jeder Familie für
jedes Kind drei Jahre lang ein Erziehungsgehalt von 1.500 Euro pro
Monat zahlen[85]. Für eine 4.000 Euro im Monat verdienende Chemike-
rin bedeutete dies einen monatlichen Verlust von 2.500 Euro bei
gleichzeitig höheren Kosten, von den langfristigen beruflichen Risiken
einmal ganz abgesehen. Für eine Frau ohne Beruf, Berufsausbildung
und schlechter Schulausbildung dürften die 1.500 Euro dagegen eine
willkommene zusätzliche Einnahme sein. Das Angebot ist also für Berufstätige wenig attraktiv, für sozial schwache, berufslose Familien dagegen sehr.

7.4 Elterngeld

Das Elterngeld[86] geht zwar von der Idee her in die richtige Richtung, es ist
aber konzeptionell so angelegt, dass es primär die berufstätige Kleinfamilie
(mit mittlerem Einkommen) adressiert. Eine Förderung sozialisatorisch
erfolgreicher größerer Familien ist damit nicht möglich.

7.5 Familie als Beruf

Es soll nun ein alternatives Familienmodell und eine alternative Familien-
finanzierung gemäß den im Abschnitt "Individualisierung" beschriebenen
Prinzipien vorgeschlagen werden[87]: Jeder Bürger müsste gemäß seiner
individuellen Leistungsfähigkeit für ein Kind Unterhalt zahlen. Allerdings
könnte er sich von dieser Verpflichtung durch das Aufziehen eines eigenen
Kindes befreien. Der eingenommene Unterhalt könnte wie folgt verwendet
werden: Wenn viele Menschen kinderlos bleiben, kommen insgesamt zu
wenig Kinder auf die Welt. Die Differenz zu einer bestandserhaltenden
Geburtenrate könnte dann von staatlich beschäftigten Familienmanagerinnen abgedeckt werden, die in aller Regel größere Familien mit drei oder
mehr Kindern gründen. Da die Familienarbeit dabei zum Fulltime-Job
generiert, würden solche Familienfrauen (oder auch -männer) vom Staat

für die von ihnen geleistete Erziehungsarbeit – in Abhängigkeit von der Zahl ihrer Kinder – bezahlt[88]. Allerdings benötigten sie entsprechende Qualifikationen, da sie einen Beruf mit sehr hoher Verantwortung ausüben. Auch müssten sie sich regelmäßig fortbilden. Sie gingen einer echten Erwerbsarbeit nach. Für sie würde das folgende ergänzende Familienmodell zum Einsatz kommen:

- Der Mann geht arbeiten und verdient Geld, die Frau zieht die Kinder auf und verdient dafür ebenfalls Geld.

Dieses Familienmodell trägt den Namen Familienmanager-Modell[89]. Es dürfte das einzige Familienmodell sein, welches einen nennenswerten Anteil gut ausgebildeter Frauen unter der Rahmenbedingung der Gleichberechtigung der Geschlechter zur Gründung einer Mehrkindfamilie bewegen könnte. Natürlich würde auch die umgekehrte Variante (*die Frau geht arbeiten und verdient Geld, der Mann zieht die Kinder auf und verdient dafür ebenfalls Geld*) funktionieren, allerdings dürften solche Konstellationen eher selten sein. Ferner würde das Modell Alleinerziehung (*die Frau zieht die Kinder auf und verdient dafür Geld*) – gegebenenfalls im Zusammenleben mit unterschiedlichen Partnern – unterstützen, was für moderne Gesellschaften unerlässlich zu sein scheint. Es umgeht die Problematik der *Vereinbarkeit von Familie und Beruf*, indem es *Familie zum Beruf* macht.

Grundlage des Familienmanager-Modells könnte die folgende "Norm" beziehungsweise *modifizierte verantwortete Elternschaft* sein, die die Nachwuchsarbeit als eine gesellschaftliche Kollektivaufgabe versteht, die prinzipiell von allen Bürgern anteilsmäßig in direkter oder indirekter Form zu erbringen ist[90]:

- Jedem steht es in unserer Gesellschaft frei, Kinder in die Welt setzen. Doch bitte beachten Sie: Die Welt ist bereits überbevölkert und hat ihre maximale Tragekapazität erreicht. Ein unkontrollierter Bevölkerungszuwachs sollte deshalb unbedingt vermieden werden. Beschränken Sie sich nach Möglichkeit auf maximal zwei Kinder pro Paar ("ersetzt euch" statt "mehret euch"). Der Staat wird Maßnahmen ergreifen und fördern, die für eine möglichst optimale Vereinbarkeit einer kleineren Familie mit bis zu zwei Kindern mit einem Beruf und für einen relativ fairen Familienlastenausgleich sorgen werden.

- Allerdings ist die Gesellschaft auf eine annähernd bestandserhaltende Reproduktion angewiesen. Deshalb ist es in unserer Gesellschaft zusätzlich Ihre Aufgabe, als Paar für zwei Kinder zu sorgen, als Einzelperson für ein Kind. Damit leisten Sie Ihren Beitrag zu einer bestandserhaltenden gesellschaftlichen Reproduktion. Sie müssen das Aufziehen eigener Kinder aber nicht selbst erbringen, sondern Sie könnten dies anderen Fachleuten überlassen, die an Ihrer Stelle eigene Kinder großziehen. Dafür müssten Sie dann aber regelmäßig einen bestimmten Betrag abführen, damit diese das auch in der entsprechenden Qualität für Sie tun können.

Vereinfacht ausgedrückt: Entweder man zieht selbst ein Kind auf, oder man zahlt Unterhalt, damit größere – ausreichend qualifizierte – Familien ihre eigenen Kinder in Würde aufziehen können.

Additiv oder alternativ zu den Unterhaltszahlungen könnte auch eine (Teil-)Finanzierung über die Renten- und Pensionsansprüche von Kinderlosen, die über ausreichend hohe Leistungsbezüge verfügen, erfolgen.

Man kann nun zeigen, dass die Maßnahme mit einem Finanzierungsbedarf deutlich unter 100 Milliarden Euro pro Jahr binnen weniger Jahre eine gesicherte bestandserhaltende Reproduktion bewirken könnte[91]. Gleichzeitig dürften dabei etwa vier Millionen neue Arbeitsplätze entstehen[92]. Auch kann man zeigen, dass sich bei Scheidungen (selbst ohne Beteiligung einer Familienmanagerin) viele der heute bekannten Unterhaltsproblematiken entschärfen ließen[93]. Und schließlich könnten die Familienmanagerinnen einen Großteil der von berufstätigen Eltern benötigten Vereinbarkeitsinfrastruktur stellen, und zwar in einer viel umfassenderen Weise, als dies mit staatlichen Einrichtungen möglich ist[94].

Wenn es gemäß Catherine Hakims Präferenzmodell[95] Frauen jedes Qualifikationsniveaus gibt, die lieber eine größere Familie gründen würden als einer sonstigen Erwerbsarbeit nachzugehen[96 97], dann ist die grundsätzliche Nichtkommerzialisierbarkeit dieser für unsere Gesellschaft so eminent wichtigen Familienarbeit nicht mit den Prinzipien der Geschlechtergleichberechtigung vereinbar, weil sonst solche Frauen in ihrer Lebensplanung massiv benachteiligt werden.

Moderne Gesellschaften erwarten von ihren Menschen immer mehr Flexibilität[98], was aber mit deren natürlichen Reproduktionsinteressen kollidiert, da beim Aufziehen von Nachwuchs nicht Flexibilität, sondern ganz im Gegenteil dazu vor allem Verlässlichkeit verlangt wird. Dies gilt ganz besonders für größere Familien. Auch aus diesem Grund dürfte die zukünftige Erweiterung der vorhandenen Familienmodelle um ein spezialisiertes Familienmodell für Mehrkindfamilien geradezu unerlässlich sein.

---

[78] Mayer, Tilman (1999): Die demographische Krise. Eine integrative Theorie der Bevölkerungsentwicklung. Frankfurt: Campus, S. 228

[79] Schimany, Peter (2004): Die Alterung der Gesellschaft. Ursachen und Folgen des demographischen Umbruchs. Frankfurt: Campus, S. 224

[80] Mayer, Tilman (1999): Die demographische Krise. Eine integrative Theorie der Bevölkerungsentwicklung. Frankfurt: Campus, S. 230

[81] Borchert, Jürgen (2002): Der "Wiesbadener Entwurf" einer familienpolitischen Strukturreform des Sozialstaats, in: http://www.familienatlas.de/ca/b/bsf/, S. 81

[82] Müller, Christa (2007): Dein Kind will dich. Echte Wahlfreiheit durch Erziehungsgehalt. Augsburg: Sankt Ulrich Verlag

[83] Werner, Götz W. (2008): Einkommen für alle. Köln: Bastei-Lübbe

[84] Mersch, Peter (2007): Irrweg Bürgergeld. Norderstedt: Books on Demand

[85] Müller, Christa (2007): Dein Kind will dich. Echte Wahlfreiheit durch Erziehungsgehalt. Augsburg: Sankt Ulrich Verlag

[86] Kettl-Römer, Barbara (2008): Elterngeld. Planegg/München: Rudolf Haufe Verlag

[87] Mersch, Peter (2008): Familie als Beruf. Norderstedt: Books on Demand

[88] Für den Gleichheitsfeminismus gehörte bezahlte Familienarbeit noch nie zu den denkbaren Optionen. Besonders eindeutig äußerte sich Simone de Beauvoir in dieser Frage: "No, we don't believe that any woman should have this choice. No woman should be authorized to stay at home to raise her children. Society should be totally different. Women should not have that choice, precisely because if there is such a choice, too many women will make that one. It is a way of forcing women in a certain direction." (Friedan, Betty (1998): It Changed My Life: Writings on the Women's Movement. Boston: Harvard University Press, S. 397). Ähnliche Vorstellung sind bei Alice Schwarzer vorzufinden: "Hausfrauenlohn würde Hausarbeit verstärkt als Frauenarbeit institutionalisieren, Frauen ans Haus binden und die Diskussion um die Teilung der Hausarbeit zwischen Frau und Mann ersticken." (S. 278) Und: "Die Hausfrauenlohnforderung basiert auf einer Missachtung der emanzipatorischen Elemente in JEDER Frauenberufstätigkeit." (S. 279, Hervorhebungen im Original) Aus: Schwarzer, Alice (2002): Der kleine Unterschied und seine großen Folgen. Frankfurt: Fischer Taschenbuch

[89] Vergleiche Mersch, Peter (2006a): Die Familienmanagerin. Kindererziehung und Bevölkerungspolitik in Wissensgesellschaften. Norderstedt: Books on Demand. Auf dem Umschlag äußert sich der Soziologe Franz-Xaver Kaufmann wie folgt zum Familienmanager-Konzept: "Das Plädoyer für eine Professionalisierung von Familientätig-

keiten hat vieles für sich. Manche werden einwenden, das Familienmanager-Konzept leiste einer Deinstitutionalisierung von Familie weiter Vorschub. Auf jeden Fall spricht der konsequente Vorschlag aber eine bisher kaum bedachte Dimension in der Diskussion um die prekäre Nachwuchssicherung an."

[90] Man vergleiche dazu den von Hans Hass formulierten, und von der Intention her durchaus ähnlichen - allerdings auf deutlich mehr Zwang setzenden - Vorschlag: "Ich überlegte mir eingehend, wie es angestellt werden könnte, diese Geburtenexplosion zu bremsen. Bei allen Lebewesen ist die Ausrichtung auf Wachstum und Vermehrung die wichtigste Aufgabe. Deshalb ist es fast unmöglich etwas zu sagen, dass sich gegen diese Grundeinstellung richtet. Trotzdem ist es mir letztendlich gelungen auf einen Vorschlag zu stoßen, der in knappen drei Sätzen das Problem der Überbevölkerung lösen kann. Diese lauten: 1. Jeder Frau auf dem Planeten Erde wird das Recht bescheinigt zwei Kinder zu gebären – aber nicht mehr. 2. Stirbt eines der beiden Kinder unter dem 12. Lebensjahr, so wird ihr das Recht auf ein weiteres, drittes Kind zugestanden. 3. Ist eine Frau besonders kinderlieb, und möchte sie gern noch ein weiteres Kind, dann ist auch dies möglich, unter der Voraussetzung, dass sie über die notwendigen Mittel verfügt, es angemessen zu ernähren und zu erziehen. Da es zahlreiche Frauen gibt, die aus gesundheitlichen oder sonstigen Gründen gar keine Kinder haben wollen, kann von diesen das Recht auf ein Kind übernommen werden, entweder in freundschaftlichem Einvernehmen oder über eine entsprechende Zahlung. Diese drei Sätze müssten in allen Ländern der Welt zum Gesetz erklärt werden." http://www.hans-hass.de

[91] Mersch, Peter (2008): Familie als Beruf. Norderstedt: Books on Demand, S. 60ff.

[92] Mersch, Peter (2008): Familie als Beruf. Norderstedt: Books on Demand, S. 62ff.

[93] Mersch, Peter (2008): Familie als Beruf. Norderstedt: Books on Demand, S. 64f.

[94] Mersch, Peter (2008): Familie als Beruf. Norderstedt: Books on Demand, S. 65

[95] Hakim, Catherine (2005): Work-Lifestyle Choices in the 21st Century. Preference Theory. Oxford: Oxford University Press

[96] Hakim, Catherine (2005): Work-Lifestyle Choices in the 21st Century. Preference Theory. Oxford: Oxford University Press

[97] Bertram, Hans/Rösler, Wiebke/Ehlert, Nancy (2005): Nachhaltige Familienpolitik. Zukunftssicherung durch einen Dreiklang von Zeitpolitik, finanzieller Transferpolitik und Infrastrukturpolitik. Berlin: Bundesministerium für Familie, Senioren, Frauen und Jugend, S. 27ff.

[98] Sennett, Richard (2006): Der flexible Mensch. Die Kultur des neuen Kapitalismus. Berlin: BvT Berliner Taschenbuch Verlag

8 Literatur

[1] Beck, Ulrich (1986): Risikogesellschaft. Auf dem Weg in eine andere Moderne. Frankfurt: Suhrkamp

[2] Bertram, Hans/Rösler, Wiebke/Ehlert, Nancy (2005): Nachhaltige Familienpolitik. Zukunftssicherung durch einen Dreiklang von Zeitpolitik, finanzieller Transferpolitik und Infrastrukturpolitik. Berlin: Bundesministerium für Familie, Senioren, Frauen und Jugend

[3] Betzig, Laura L. (1986): Despotism and Differential Reproduction. A Darwinian View of History. New York: Aldine Publishing Company

[4] Birg, Herwig (2003): Strategische Optionen der Familien- und Migrationspolitik in Deutschland und Europa, in: Leipert, Christian (Hrsg.): Demographie und Wohlstand. Neuer Stellenwert für Familie in Wirtschaft und Gesellschaft. Opladen: Leske + Budrich

[5] Bischof-Köhler, Doris (2010): Von Natur aus anders. Zur Entstehung der Unterschiede zwischen den Geschlechtern. In: Fischer, E. P./Wiegand K. (Hrsg.): Evolution und Kultur des Menschen. Frankfurt: S. Fischer, S. 304-339

[6] Bolz, Norbert (2006): Die Helden der Familie. München: Fink

[7] Borchert, Jürgen (2002): Der "Wiesbadener Entwurf" einer familienpolitischen Strukturreform des Sozialstaats, in: http://www.familienatlas.de/ca/b/bsf/

[8] Borkenau, Peter (1993): Anlage und Umwelt. Eine Einführung in die Verhaltensgenetik. Göttingen: Hogrefe

[9] Bouchard TJ/McGue M (1981): Familial studies of intelligence. A review, in: Science, 212, 1055-1059

[10] Butler, Judith (2007): Das Unbehagen der Geschlechter. Gender Studies. Frankfurt: Suhrkamp

[11] De Beauvoir, Simone (2000): Das andere Geschlecht. Sitte und Sexus der Frau. Hamburg: Rowohlt

[12] Deary IJ/ Irwing P/ Der G/ Bates TC (2007): Brother-sister differences in the g factor in intelligence: analysis of full, opposite-sex siblings from the NLSY1979, in: Intelligence 35, 451-456.

[13] Eggen, Bernd/Rupp, Marina (Hrsg.) (2006): Kinderreiche Familien. Wiesbaden: VS Verlag für Sozialwissenschaften

[14] Ehmer, Josef (2004): Bevölkerungsgeschichte und historische Demographie 1800-2000. München: Oldenbourg

[15] Eibl-Eibesfeldt, Irenäus (2004): Die Biologie des menschlichen Verhaltens. Grundriss der Humanethologie. München: Piper

[16] Eigen, Manfred (1987): Stufen zum Leben. Die frühe Evolution im Visier der Molekularbiologie, München: Piper

[17] Friedan, Betty (1998): It Changed My Life: Writings on the Women's Movement. Boston: Harvard University Press

[18] Hakim, Catherine (2005): Work-Lifestyle Choices in the 21st Century. Preference Theory. Oxford: Oxford University Press

[19] Heinsohn, Gunnar (2006): Söhne und Weltmacht. Terror im Aufstieg und Fall der Nationen. Zürich: Orell Füssli

[20] Hill, Paul B./Kopp, Johannes (2004): Familiensoziologie. Grundlagen und theoretische Perspektiven, Wiesbaden: VS Verlag für Sozialwissenschaften

[21] Hopcroft, Rosemary L. (2006): Sex, status, and reproductive success in the contempory United States, in: Evolution and Human Behaviour, 27, 104-112

[22] Irwing, Paul/Lynn, Richard (2005): Sex differences in means and variability on the progressive matrices in university students: A meta-analysis, in: British Journal of Psychology, 96, 505-524

[23] Joas, Hans (Hrsg.) (2001): Lehrbuch der Soziologie. Frankfurt: Campus

[24] Junge, Matthias (2002): Individualisierung. Frankfurt: Campus

[25] Kanazawa, Satoshi (2003): Can evolutionary psychology explain reproductive behavior in the contempory United States? in: Sociological Quaterly, 44, 291-301

[26] Kaufmann, Franz-Xaver (2005): Schrumpfende Gesellschaft. Frankfurt: Suhrkamp

[27] Kettl-Römer, Barbara (2008): Elterngeld. Planegg/München: Rudolf Haufe Verlag

[28] Klein, Doreen (2006): Zum Kinderwunsch von Kinderlosen in Ost- und Westdeutschland, in: BiB, Materialien zur Bevölkerungswissenschaft, Heft 11

[29] Klein, Thomas (2005): Sozialstrukturanalyse. Eine Einführung. Hamburg: Rowohlt

[30] Kopp, Johannes (2002): Geburtenentwicklung und Fertilitätsverhalten. Theoretische Modellierungen und empirische Erklärungsansätze. Konstanz: UVK

[31] Lange, Stefan/Braun, Dietmar (2000): Politische Steuerung zwischen System und Akteur. Opladen: Leske + Budrich

[32] Lynn, Richard/Irwing, Paul (2004): Sex differences on the Progressive Matrices: a meta-analysis, in: Intelligence, 32, 481-498

[33] Lynn, Richard/Vanhanen, Tatu (2002): IQ and the Wealth of Nations. Westport: Praeger Publishers

[34] Malsburg, Christoph von der (1987): Ist die Evolution blind? In: Küppers, Bernd-Olaf (Hrsg.): Ordnung aus dem Chaos: Prinzipien der Selbstorganisation und Evolution des Lebens. München: Piper, S. 269-279

[35] Maturana, Humberto R./Varela, Francisco J. (1990): Der Baum der Erkenntnis. Die biologischen Wurzeln menschlichen Erkennens. München: Goldmann

[36] Mayer, Tilman (1999): Die demographische Krise. Eine integrative Theorie der Bevölkerungsentwicklung. Frankfurt: Campus

[37] Mersch, Peter (2006a): Die Familienmanagerin. Kindererziehung und Bevölkerungspolitik in Wissensgesellschaften. Norderstedt: Books on Demand

[38] Mersch, Peter (2006b): Land ohne Kinder. Wege aus der demographischen Krise. Norderstedt: Books on Demand

[39]   Mersch, Peter (2007a): Die Emanzipation – ein Irrtum! Warum die Angleichung der Geschlechter unsere Gesellschaft restlos ruinieren wird. Norderstedt: Books on Demand

[40]   Mersch, Peter (2007b): Hurra, wir werden Unterschicht! Zur Theorie der gesellschaftlichen Reproduktion. Norderstedt: Books on Demand

[41]   Mersch, Peter (2007c): Irrweg Bürgergeld. Norderstedt: Books on Demand

[42]   Mersch, Peter (2008a): Familie als Beruf. Norderstedt: Books on Demand

[43]   Mersch, Peter (2008b): Evolution, Zivilisation und Verschwendung. Über den Ursprung von Allem. Norderstedt: Books on Demand

[44]   Mersch, Peter (2009): Die Familie und die Gleichberechtigung der Geschlechter. München: Grin Verlag

[45]   Mersch, Peter (2010): Systemische Evolutionstheorie und Gefallen-wollen-Kommunikation, In: Gilgenmann, K./Mersch, P./Treml, A. K. (Hrsg.): Kulturelle Vererbung: Erziehung und Bildung in evolutionstheoretischer Sicht, Norderstedt: Books on Demand, S. 47-90

[46]   Mersch, Peter (2011): Ich beginne zu glauben, dass es wieder Krieg geben wird. Was die Systemische Evolutionstheorie über unsere Zukunft verrät. Norderstedt: Books on Demand

[47]   Mersch, Peter (2012): Systemische Evolutionstheorie. Eine systemtheoretische Verallgemeinerung der Darwinschen Evolutionstheorie. Norderstedt: Books on Demand

[48]   Mersch, Peter (2014): Die egoistische Information. Eine neue Sicht der Evolution des Lebens. Norderstedt: Books on Demand

[49]   Miller, Geoffrey F. (2001).: Die sexuelle Evolution. Partnerwahl und die Entstehung des Geistes. Heidelberg: Spektrum Akademischer Verlag

[50]   Müller, Christa (2007): Dein Kind will dich. Echte Wahlfreiheit durch Erziehungsgehalt. Augsburg: Sankt Ulrich Verlag

[51]   Myers, David G. (2010): Psychology. New York: Worth Publishers

[52]   Neirynck, Jacques (2006): Der göttliche Ingenieur. Die Evolution der Technik. Renningen: expert verlag

[53] Olsberg, Karl (2010): Schöpfung außer Kontrolle: Wie die Technik uns benutzt. Berlin: Aufbau Verlag

[54] Peuckert, Rüdiger (2005): Familienformen im sozialen Wandel. Wiesbaden: VS Verlag für Sozialwissenschaften

[55] Radisch, Iris (2007): Die Schule der Frauen. Wie wir die Familie neu erfinden. München: DVA

[56] Riemann, Rainer und Spinath, Frank M. (2005): Genetik und Persönlichkeit; In: Hennig, Jürgen und Netter, Petra (Hrsg.): Biopsychologische Grundlagen der Persönlichkeit, Heidelberg: Spektrum Akademischer Verlag

[57] Robert Bosch Stiftung (2006): Bosch-Studie. Kinderwunsch höher als Geburtenrate, 28.06.2006, in: http://www.bosch-stiftung.de/content/language1/html/8214.asp

[58] Roth, Gerhard (2003): Aus Sicht des Gehirns. Frankfurt: Suhrkamp

[59] Schimany, Peter (2004): Die Alterung der Gesellschaft. Ursachen und Folgen des demographischen Umbruchs. Frankfurt: Campus

[60] Schwarzer, Alice (2002): Der kleine Unterschied und seine großen Folgen. Frankfurt: Fischer Taschenbuch

[61] Schwarzer, Alice (2007): Die Antwort. Köln: Kiepenheuer & Witsch

[62] Sennett, Richard (2006): Der flexible Mensch. Die Kultur des neuen Kapitalismus. Berlin: BvT Berliner Taschenbuch Verlag

[63] Shaffer, David R./Kipp, Katherine (2007): Developmental Psychology. Childhood and Adolescence. Belmont: Thomson Wadsworth

[64] Statistisches Bundesamt Deutschland (2009), Arbeitsmarkt: Bevölkerung und Erwerbstätigkeit (Inländer), http://www.destatis.de/

[65] sueddeutsche.de (2005): Also doch: Männer sind intelligenter als Frauen. 26.08.2005, in: http://www.sueddeutsche.de/panorama/558/375367/text/

[66] Sundet, J. M./Barlaug, D. G./Torjussen, T. M. (2004): The end of the Flynn effect? A study of secular trends in mean intelligence test scores of Norwegian conscripts during half a century, In: Intelligence 32, 349-362.

50   **Literatur**

[67] Teasdale, Thomas W./Owen, David R. (2005): A long-term rise and recent decline in intelligence test performance. The Flynn Effect in reverse, In: Personality and Individual Differences 39(4), 837-843

[68] Träger, Jutta (2007): Neue Wege familialer Arbeitsteilung. Neuorientierung in der Familienpolitik? in: Auth, Diana/Holland-Cunz, Barbara (Hrsg.): Grenzen der Bevölkerungspolitik. Strategien und Diskurse demographischer Steuerung. Opladen: Verlag Barbara Budrich

[69] Tremmel, Jörg (2005): Bevölkerungspolitik im Kontext ökologischer Generationengerechtigkeit. Wiesbaden: Deutscher Universitäts-Verlag

[70] Vogel, Christian (2000): Anthropologische Spuren. Zur Natur des Menschen. Stuttgart: S. Hirzel

[71] Voland, Eckart (2007): Die Natur des Menschen. Grundkurs Soziobiologie. München: C. H. Beck

[72] Voland, Eckart (2000): Grundriss der Soziobiologie. Heidelberg: Spektrum Akademischer Verlag

[73] Weber, Thomas P. (2003): Soziobiologie. Frankfurt: S. Fischer

[74] Werner, Götz W. (2008): Einkommen für alle. Köln: Bastei-Lübbe

[75] wissenschaft.de (2005): Forscher schlagen Alarm. In den Industrieländern ist der IQ auf Talfahrt. 16.05.2005, in: http://www.wissenschaft.de/wissenschaft/hintergrund/253016.html

[76] Wuketits, Franz M. (2005): Evolution. Die Entwicklung des Lebens. München: C. H. Beck

[77] Zechner, U./Wilda, M./Kehrer-Sawatzki, H./Vogel, W./Fundele, R./Hameister, H. (2001): A high density of X-linked genes for general cognitive ability: a run-away process shaping human evolution? in: Trends Genet 17, 697-701

Über den Autor

Peter Mersch, Jahrgang 1949, ist Systemanalytiker und Zukunftsforscher. Seine Forschungsschwerpunkte liegen in den Gebieten Migräne, Evolutionstheorie, soziokulturelle Evolution, Demografie und Soziologie.

Von ihm stammen die Systemische Evolutionstheorie, das Familienmanager-Konzept und die energetische Migränetheorie.

Daneben beschäftigt er sich mit den Ursachen der Übergewichts- und Demenzepidemie. Auch dazu hat er eigene theoretische und praktische Konzepte vorgelegt.

Seit 2004 betreibt er im Internet das bekannte Migräneportal www.miginfo.de.

Ebenfalls von Peter Mersch:

Die egoistische Information. Eine neue Sicht der Evolution des Lebens

Das Paradigma der egoistischen Information beruht auf der Vorstellung, dass jegliche Evolution der belebten Natur die Folge des Wirkens von Akteuren ist, die sich aufgrund der in unserem Universum geltenden physikalischen Gesetze so verhalten, als sei das Wissen, das sie über sich und ihre Umwelt besitzen, egoistisch. In diesem Sinne ist es metaphorisch zu verstehen.

Theoretischer Ausdruck davon ist die Systemische Evolutionstheorie, von der nicht nur gezeigt wird, dass sie für einfache, ihr gesamtes Wissen in den Genen tragende Lebewesen mit Charles Darwins biologischer Selektionstheorie und Richard Dawkins Theorie der egoistischen Gene übereinstimmt, sondern sich aus ihren Grundannahmen auch einer der elementarsten Sätze der Wirtschaftswissenschaften – Ricardos Theorem der komparativen Kostenvorteile – herleiten lässt. Damit liegt erstmalig eine Evolutionstheorie vor, aus der nicht nur das Fundament der Biologie, sondern eines wesentlichen Teils der Sozialwissenschaften ebenso folgt.

Mithilfe des auch als Vergesellschaftungsgesetz bekannten Satzes von Ricardo werden wesentliche Aspekte der sozialen Evolution wie die Entstehung und Durchsetzung der für menschliche Gesellschaften charakteristischen sozialen Arbeitsteilung und das Aufkommen menschlicher Superorganismen – insbesondere der Unternehmenswelt – evolutionär begründet.

Für natürliche eusoziale Gesellschaften – wie Honigbienensozialstaaten – kommt die Systemische Evolutionstheorie zum Teil zu anderen Prognosen als die in der Biologie priorisierte Theorie der Verwandtenselektion. Anhand von Gedankenexperimenten wird aufgezeigt, dass die Verwandtenselektion wesentliche Strukturmerkmale natürlicher eusozialer Gemeinschaften nicht vorhersagen kann.

Norderstedt: Books on Demand, 2014, ISBN 978-3-7357-8587-9, 24,90 €

North Charleston, SC: CreateSpace, 2014, ISBN 978- 1496185686, 19,95 €

Systemische Evolutionstheorie. Eine systemtheoretische Verallgemeinerung der Darwinschen Evolutionstheorie

Bei der Systemischen Evolutionstheorie (Systemic Theory of Evolution) handelt es sich um eine Verallgemeinerung der Darwinschen Evolutionstheorie, die auf der allgemeinen Systemtheorie, der Kommunikationstheorie, der Soziobiologie, der Ökonomie und der modernen Demografie basiert und mit der Ontologie des systemischen Materialismus vereinbar ist. Sie stellt den Versuch dar, alle eigendynamischen Evolutionen – inklusive der biologischen und soziokulturellen Evolution – mit den gleichen einheitlichen Evolutionsprinzipien zu beschreiben.

Die Theorie ist interdisziplinär angelegt und weder der Biologie noch den Gesellschaftswissenschaften zurechenbar.

Mit einem Vorwort von Prof. Dr. Klaus Rohde.

Stimmen:

Prof. Dr. Jochen Oehler (Neuro- und Verhaltensbiologe):

Eine Reihe von interessanten Ansätzen vonseiten der Molekularbiologie, der Verhaltens- und Soziobiologie einschließlich der Memtheorie haben für bestimmte Bereiche das evolutionäre Erklärungspotenzial zwar erweitert, aber noch nicht zu der erhofften übergeordneten neuen Theorie geführt. Peter Mersch legt nun als Systemtheoretiker mit seiner Systemischen Evolutionstheorie einen umfassenden, vor allem übergeordneten Ansatz vor, der höchste Beachtung verdient.

Prof. Dr. Dr. Franz Josef Radermacher (Mathematiker/Informatiker; Mitglied des Club of Rome):

Dies ist ein großartiges Werk. Es ist eine umfassende Darstellung des Gedankens der Evolution unter Einschluss allgemeiner Superorganismen, damit auch von Unternehmen, Staaten und der ganzen Menschheit, was mir thematisch immer schon ein besonderes Anliegen war und ist.

Prof. Dr. Klaus Rohde (Zoology, UNE, Australia; Clarke Medal Winner):

Mir scheint, dass die Systemische Evolutionstheorie vor allem neues Licht auf die Evolution menschlicher Kulturen im weitesten Sinne, inklusive der Technik und staatlicher Organisation werfen kann, und eingehende kritische Berücksichtigung verdient. Ihre Terminologie ist klar und leicht verständlich, was vor allem auch für die Diskussion des Sozialdarwinismus wichtig ist. Die Annahme von die Evolution vorantreibenden eigendynamischen Evolutionsakteuren im Gegensatz zu rein passiv selektierten Einheiten steht im Einklang mit neueren theoretischen Erkenntnissen, die die Selbstorganisation komplexer Systeme für einen wesentlichen Evolutionsfaktor halten.

Prof. Dr. Jürgen Tautz (Biologe; Communicatorpreisträger 2012):

Unter den Büchern, die sich mit dem Prozess und den Resultaten von Evolution befassen, ist dieses Buch für mich eines der originellsten seit Langem.

Prof. Dr. Dr. Gerhard Vollmer (Physiker und Philosoph; Mitbegründer der Evolutionären Erkenntnistheorie):

Die Frage liegt nahe, ob es vielleicht eine übergreifende Evolutionstheorie gibt, die alle oder wenigstens viele evolutive Prozesse umfasst. Peter Mersch legt eine solche Theorie vor. Mit großer Umsicht, wenn auch in eigenwilliger Terminologie, in die man sich hineindenken muss, formuliert er die Prinzipien seiner Systemischen Evolutionstheorie und belegt ihre Anwendbarkeit auf verschiedenen Systemebenen. Es ist geradezu verblüffend, wie sich dabei nichtbiologische Systeme in seine Begrifflichkeit und in seine Prinzipien einpassen. Auch die Unterschiede zur Darwinschen Evolutionstheorie werden deutlich. Einige Probleme dieser Theorie lassen sich dabei elegant darstellen, teilweise auch lösen.

Norderstedt: Books on Demand, 2012, ISBN 978-3-8482-2738-9, 19,90 €

North Charleston, SC: CreateSpace, 2012, ISBN 978-1480071315, 15,80 €